AULA
INTERNACIONAL
1

AULA INTERNACIONAL 1

Autores: Jaime Corpas, Eva García, Agustín Garmendia, Carmen Soriano
Coordinación pedagógica: Neus Sans
Asesoría y revisión: Manuela Gil-Toresano
Asesoría y redacción de las secciones "Más gramática" y "Más cultura": Bibiana Tonnelier
Coordinación editorial: Pablo Garrido
Corrección: Eduard Sancho
Documentación: Olga Mias

Diseño: CIFR4

Ilustraciones: Roger Zanni *excepto:* Unidad 5 pág. 46 Laura Gutiérrez / Más cultura pág. 124 Man Carot, pág. 125 David Revilla (familia), David Carrero (números), pág. 126 David Carrero, pág. 131 Fundación Federico García Lorca, págs. 140 y 141 David Carrero

Fotografías: Frank Kalero *excepto:* Unidad 1 pág. 9 Programas Internacionales del TEC de Monterrey (Campus Monterrey), pág. 10 Bernat Vilaginés, pág. 11 COVER Agencia de fotografía (Mario Benedetti, Alicia Alonso, Mercedes Sosa, Fernando Botero, Santiago Calatrava), Queen International (Carolina Herrera), pág. 16 Secretaría de turismo de la nación de la República de Argentina (tango) / Unidad 2 pág. 17 Pau Cabruja, pág. 22 Jordi Sangenís y Eduardo Pedroche (pirámide), pág. 24 Paul Fris (manos) / Unidad 3 pág. 25 Miguel Raurich, pág. 26 COVER Agencia de fotografía, pág. 30 Secretaría de turismo de la nación de la República de Argentina, pág. 32 Miguel Raurich (1), Secretaría de turismo de la nación de la República de Argentina (2), Nelson Souto (3) / Unidad 4 pág. 33 Teresa Estrada, pág. 39 Victòria Aragonés (Palma de Mallorca) / Unidad 5 pág. 42 Europa Press, pág. 48 Sónar (Sónar), Manny Rocca (fotografías del archivo de la Bienal de Flamenco), Pedro Párraga (artistas, Festival de Jazz de San Sebastián), Gabinete de Prensa del Ayuntamiento de San Sebastián (Kursaal, Festival de Jazz de San Sebastián) / Unidad 6 pág. 49 Bernat Vilaginés / Unidad 7 pág. 57 Heinz Hebeisen, pág. 63 COVER Agencia de fotografía (1), Abigail Guzmán (2 y 3) / Unidad 8 pág. 65 Heinz Hebeisen, pág. 67 Institut Cartogràfic de Catalunya (Ensanche), Institut d'Estudis Territorials de la Generalitat de Catalunya (Barcelona 1860, Ildefons Cerdà y Plan Cerdà), pág. 70 Didac Aparicio (Palermo Viejo), Carlos Mario Sarmiento (Albaicín), pág. 72 Eva García (East Harlem), Miguel Raurich (Little Havana) / Unidad 9 pág. 73 Miguel Raurich / Unidad 10 pág. 81 *Hable con ella* © Miguel Bracho, pág. 82 Europa Press, pág 83 Miguel Ángel chazo/ Más ejercicios pág. 120 Miguel Ángel Chazo, pág. 122 COVER Agencia de fotografía / Más Cultura pág. 127 Fundació Pau Casals (dibujo Pau Casals y partitura), © Pablo Picasso, VEGAP, Barcelona 2004 (El Piano), pág. 128 ACI Agencia de fotografía, pág. 129 Marjorie Manicke, pág 130 Pau Cabruja (E), Lara Jaruchick (B), pág. 131 Fundación Federico García Lorca, pág. 132 COVER Agencia de Fotografía, pág. 133 Miguel Ángel Ramos (Ojos de Brujo), EMI Music (Macaco, Orishas), pág. 134 Europa Press (Dulce Chacón), pág. 135 Lara Jaruchick (Soledad), pág. 136 COVER Agencia de fotografía, pág. 137 Dirk de Kegel (patatas), pág. 142 Fundación Violeta Parra, COVER Agencia de fotografía (Frida Kahlo)

© Gallego, Rubén. *Blanco sobre negro*. Booket (Santillana)
© Chacón, Dulce. *Algún amor que no mate*. Editorial Planeta
© Dibujo Federico García Lorca: [Florero sobre un tejado, Nueva York, ca. 1929-1930]. Tinta china, lápiz y lápices de color sobre papel. Col. Ángel del Río, Nueva York

Contenido del CD audio: © José María López Sanfeliu (Kiko Veneno), "Cuando me levanto", L.L. Editorial. **Locutores:** Mª Isabel Cruz (Colombia), Asunción Forners (España), Lynne Martí (España), Begoña Pavón (España), Eduardo Pedroche (España), Jorge Peña (España), Israel Rivero (España), Leila Salem (Argentina), Juan José Surace (Argentina), Guillermo García (Argentina), Caro Miranda (Cuba), Radamés Molina (Cuba), Lisandro Vela (Argentina), David Velasco (España), Nuria Viu (España), Yanaida Yadaleki (Venezuela)

Agradecimientos: Albert Roquet, Rosario Fernández, Begoña Montmany, Pablo G. Polite (Sónar), Mª Antonia Ruiz (Bienal de Flamenco), Eliana Vieira (Institut d'Estudis Territorials de la Generalitat de Catalunya), Francisco Rosales, Isabel Catoira (Inditex), Jesús Torquemada (Festival de Jazz de San Sebastián), Eduardo Fraire Coter, Juan Pablo Tonnelier, Mercè Rabionet, Isabel Naveiras, Esdres Jaruchick, Eli Capdevila, Edith Moreno, Ginés (frutas Ginesito), El Deseo S.L.U. Producciones Cinematográficas, Ojos de Brujo, La fábrica de colores, Carlos (El Murmullo), Fundació Pau Casals, Fundación Federico García Lorca, LL editorial, CYO Studios

© Los autores y Difusión, S.L. Barcelona 2005
ISBN: 84-8443-228-9
Depósito legal: B-4498-2005
Impreso en España por Tallers Gràfics Soler, S.A.

difusión
Centro de Investigación y Publicaciones de Idiomas, S.L.

c/ Trafalgar, 10, entlo. 1ª
08010 Barcelona
tel. 93 268 03 00
fax 93 310 33 40
editorial@difusion.com
www.difusion.com

AULA
INTERNACIONAL
1

Jaime Corpas
Eva García
Agustín Garmendia
Carmen Soriano

Coordinación pedagógica
Neus Sans

CÓMO ES AULA INTERNACIONAL

Cada volumen consta de 10 unidades didácticas que presentan la siguiente estructura:

1. COMPRENDER

Se presentan textos y documentos muy variados que contextualizan los contenidos lingüísticos y comunicativos básicos de la unidad, y frente a los que los alumnos desarrollan fundamentalmente actividades de comprensión.

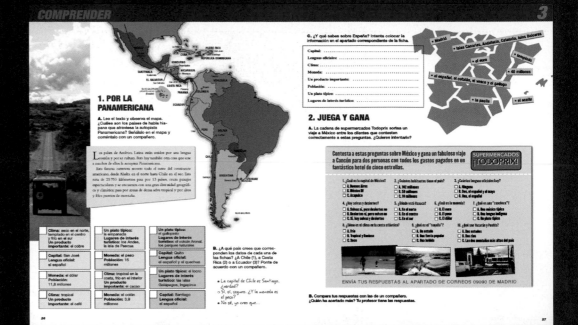

2. EXPLORAR Y REFLEXIONAR

En el segundo bloque, los alumnos realizan un trabajo de observación de la lengua a partir de nuevas muestras o de pequeños corpus. Se trata de ofrecer un nuevo soporte para la tradicional clase de gramática con el que los alumnos, dirigidos por el propio material y por el profesor, descubren el funcionamiento de la lengua en sus diferentes niveles (morfológico, léxico, sintáctico, funcional, discursivo...).

Se trata, por tanto, de ofrecer herramientas alternativas para potenciar y para activar el conocimiento explícito de reglas, sin tener que caer en una clase magistral de gramática. En el mismo apartado se presentan esquemas gramaticales y funcionales a modo de cuadros de consulta. Con ellos, se ha perseguido, ante todo, la claridad, sin renunciar a una aproximación comunicativa y de uso a la gramática.

Esta sección se completa con el anexo **MÁS EJERCICIOS.**

3. PRACTICAR Y COMUNICAR

El tercer bloque está dedicado a la práctica lingüística y comunicativa. Incluye propuestas de trabajo muy variadas, pero que siempre consideran la significatividad y la implicación del alumno en su uso de la lengua. El objetivo es experimentar el funcionamiento de la lengua a través de "microtareas comunicativas" en las que se practican los contenidos presentados en la unidad.

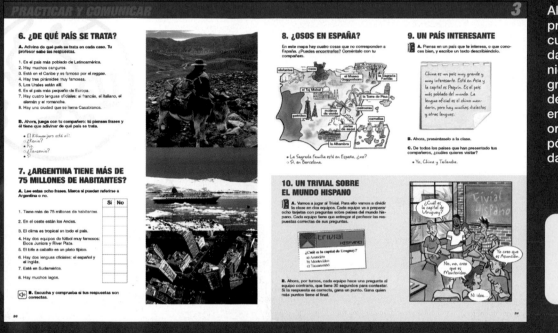

Al final de esta sección, se proponen una o varias tareas cuyo objetivo es ejercitar verdaderos procesos de comunicación en el seno del grupo, que implican diversas destrezas y que se concretan en un producto final escrito u oral (una escenificación, un póster, la resolución negociada a un problema, etc.).

Este icono señala qué actividades pueden ser incorporadas a tu PORTFOLIO.

4. VIAJAR

El último bloque de cada unidad incluye materiales con contenido cultural (artículos periodísticos, textos divulgativos, canciones, fragmentos literarios, juegos...) que ayudan al alumno a comprender mejor la realidad cotidiana y cultural de los países de habla hispana.

Además, el libro se completa con las siguientes secciones:

MÁS EJERCICIOS

En este apartado se proponen nuevas actividades de práctica formal que estimulan la reflexión y la fijación de los aspectos lingüísticos presentados en las unidades. Los ejercicios están diseñados de modo que los alumnos los puedan realizar de forma autónoma, aunque también pueden ser utilizados en la clase para ejercitar aspectos gramaticales y léxicos de la secuencia.

MÁS CULTURA

Esta sección incluye una selección de textos de diferentes tipos (artículos, fragmentos literarios, historietas…) para que el estudiante amplíe sus conocimientos sobre temas culturales relacionados con los contenidos de las unidades. El carácter complementario de esta sección permite al profesor incorporar estos contenidos a sus clases y al estudiante profundizar en el estudio del español por su cuenta.

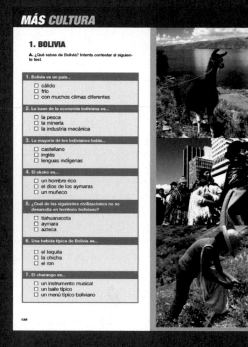

MÁS GRAMÁTICA

Además del apartado de gramática incluido en cada una unidad, el libro cuenta con una sección que aborda de forma más extensa y detallada todos los puntos gramaticales de las diferentes unidades. Se incluyen, asimismo, modelos de conjugación para todos los tiempos verbales, así como una lista de verbos y sus modelos de conjugación correspondientes.

MÁS INFORMACIÓN

Al final del libro se incluye un anexo con información útil sobre diferentes temas: mapas de España y de América Latina y una serie de fichas enciclopédicas de los diferentes países de habla hispana.

ÍNDICE

1 NOSOTROS

En esta unidad vamos a
conocer a los compañeros de clase

Para ello vamos a aprender:

> a dar y a pedir datos personales (el nombre, la edad...)
> a saludar y a despedirnos
> recursos para preguntar sobre las palabras
> el género > las tres conjugaciones: -ar, -er, -ir
> los verbos **ser, tener y llamarse** > los números del 1 al 100
> el abecedario > las nacionalidades > las profesiones

1. HOLA, ¿QUÉ TAL?

A. Preséntate a tus compañeros.

B. Ahora, si no os conocéis, escribid vuestros nombres en un papel y ponedlo encima de la mesa.

2. PALABRAS EN ESPAÑOL

A. ¿Cuántas de las siguientes palabras comprendes? Márcalas. Luego, coméntalo con un compañero.

1	uno	11	once
2	dos	12	doce
3	tres	13	trece
4	cuatro	14	catorce
5	cinco	15	quince
6	seis	16	dieciséis
7	siete	17	diecisiete
8	ocho	18	dieciocho
9	nueve	19	diecinueve
10	diez	20	veinte

• Yo comprendo ocho palabras: taxi, teatro...
○ Yo no comprendo "bar de tapas". ¿Qué significa?

3. FAMOSOS QUE HABLAN ESPAÑOL

A. Aquí tienes a algunos personajes famosos, todos ellos de países de habla hispana. ¿Puedes relacionar cada fotografía con la información correspondiente?

1. Mercedes Sosa

2. Fernando Botero

3. Mario Benedetti

4. Carolina Herrera

5. Santiago Calatrava

6. Alicia Alonso

Es un arquitecto español. ☐

Es una diseñadora venezolana. ☐

Es un artista colombiano. ☐

Es una bailarina cubana. ☐

Es un escritor uruguayo. ☐

Es una cantante argentina. ☐

B. ¿Qué otros personajes famosos hispanos conoces? Di el nombre en voz alta. Tus compañeros tienen que identificarlo.

- Pablo Neruda.
  ○ ¿Es un escritor argentino?
- No, no es argentino.
  ...

música

RESTAURANTE
EL GALLEGO
****

Plaza de España

libro

DICCIONARIO
MANUEL SECO
DEL ESPAÑOL
OLIMPIA ANDRÉS
ACTUAL
GABINO RAMOS

AULA

B. Ahora, vas a escuchar las palabras anteriores. Escribe al lado el número según el orden en que las escuches.

__ taxi   __ teléfono   __ música   __ calle
__ teatro   __ hotel   __ estación   __ televisión
__ perfumería   __ plaza   __ euro   __ museo
__ diccionario   __ bar   __ aeropuerto   __ aula
__ restaurante   __ libro   __ escuela   __ metro

C. ¿Qué otras palabras o expresiones conoces en español? Haz una lista. Después, compárala con la de un compañero. ¿Hay alguna palabra nueva para ti? Descubre qué significa y añádela a tu lista.

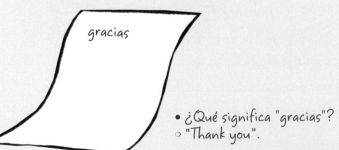

gracias

- ¿Qué significa "gracias"?
  ○ "Thank you".

4. EN LA RECEPCIÓN

A. En la recepción de una escuela de español de Madrid, tres estudiantes dan sus datos personales. Escucha y completa las fichas.

1. Nombre: Paulo
Apellido: de Souza
Nacionalidad: ....
Edad: ....
Profesión: estudiante
Teléfono: ....
Correo electrónico:
paulo102@aula.com

2. Nombre: Katia
Apellido: Vigny
Nacionalidad: francesa
Edad: ....
Profesión: camarera
Teléfono: ....
Correo electrónico: --------

3. Nombre: ....
Apellido: Meyerhofer
Nacionalidad: alemana
Edad: 24
Profesión: ....
Teléfono: --------
Correo electrónico:
....

- Barbara
- 27
- enfermera
- 675312908
- barbara5@mail.com
- 19
- brasileño
- 91 3490025

B. Ahora, vuelve a escuchar. ¿Sabes para qué sirven las siguientes preguntas?

PREGUNTAS

¿Cómo te llamas?
¿Cuántos años tienes?
¿A qué te dedicas?
¿Tienes correo electrónico?
¿Cuál es tu número de teléfono?
¿Cuál es tu nombre?
¿En qué trabajas?
¿De dónde eres?
¿Tienes móvil?

**PARA PREGUNTAR
O PARA SABER:**

- el nombre
- la nacionalidad /
  el lugar de origen
- la edad
- la profesión
- el número de teléfono
- el correo electrónico

C. Completa la siguiente ficha con tus propios datos.

Me llamo .... y soy (de) .... Vivo en

.... Tengo .... años

y soy/trabajo en .... Mi número de

teléfono es el .... y mi (dirección de)

correo electrónico es ....

5. AFICIONES

A. Aquí tienes una lista de aficiones. Relaciónalas con la imagen correspondiente.

1. cocinar
2. ver la tele
3. el esquí
4. ir al gimnasio
5. cantar
6. el tenis
7. salir de noche
8. leer novelas
9. jugar a fútbol
10. escribir
11. coleccionar sellos

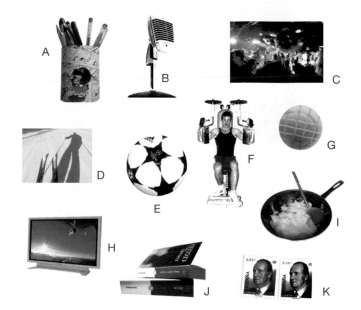

B. Ahora, subraya los verbos que encuentres en la lista anterior. ¿De qué tres formas pueden terminar los verbos en español?

....

6. LETRAS Y SONIDOS

Escucha las siguientes palabras y escríbelas en tu cuaderno clasificándolas según el sonido inicial.

/k/ Ej: **c**asa	/θ/ Ej: **z**apato	/x/ Ej: **j**amón	/g/ Ej: **g**ato
gimnasio	Zaragoza		guitarra
cero	jefe		cinco
comida	cincuenta		cuenta
queso	gol		zoo
jugar	camarero		general
guerra	cine		joven
colección	quilo		cantar

ABECEDARIO

A	a	H	hache	Ñ	eñe	U	u
B	be	I	i	O	o	V	uve
C	ce	J	jota	P	pe	W	uve doble
D	de	K	ca	Q	cu		doble
E	e	L	ele	R	erre	X	equis
F	efe	M	eme	S	ese	Y	i griega
G	ge	N	ene	T	te	Z	ceta

DATOS PERSONALES

¿Cómo te llamas/se llama?	**(Me llamo)** Katia Vigny.
¿Cuál es tu/su nombre?	Katia.
¿Cuál es tu/su apellido?	Vigny.
¿De dónde eres/es?	**Soy** alemán/alemana.
	(Soy) de Berlín.
¿Eres/Es francesa?	**No, soy** italiano/a.
	Sí, (soy) de París.
¿Cuántos años tienes/tiene?	23.
	Tengo 23 **años.**
¿En qué trabajas/trabaja?	**Soy** profesor/a.
	Trabajo en un banco.
	Trabajo de camarero/a.
¿Cuál es tu número de teléfono?	**(Es el)** 93 555689.
¿Tienes/tiene móvil?	**Sí, es el** 627629047.
¿Tienes/tiene correo electrónico?	**Sí,** pedro86@aula.com*.

! *@ se dice **arroba**

NÚMEROS

0 cero	16 **dieciséis**	32 **treinta y dos**
1 **uno**	17 **diecisiete**	33 **treinta y tres**
2 **dos**	18 **dieciocho**	34 **treinta y cuatro**
3 **tres**	19 **diecinueve**	35 **treinta y cinco**
4 **cuatro**	20 **veinte**	36 **treinta y seis**
5 **cinco**	21 **veintiuno**	37 **treinta y siete**
6 **seis**	22 **veintidós**	38 **treinta y ocho**
7 **siete**	23 **veintitrés**	39 **treinta y nueve**
8 **ocho**	24 **veinticuatro**	40 **cuarenta**
9 **nueve**	25 **veinticinco**	50 **cincuenta**
10 **diez**	26 **veintiséis**	60 **sesenta**
11 **once**	27 **veintisiete**	70 **setenta**
12 **doce**	28 **veintiocho**	80 **ochenta**
13 **trece**	29 **veintinueve**	90 **noventa**
14 **catorce**	30 **treinta**	99 **noventa y nueve**
15 **quince**	31 **treinta y uno**	100 **cien**

SALUDAR Y DESPEDIRSE

Buenos días.
Buenas tardes.
Buenas noches.

¡Hola!
Hola, ¿qué tal?

¡Adiós!
¡Hasta luego!

Hola, ¿qué tal? ¿Cómo estás?
Bien, ¿y tú?
Muy bien.

EL GÉNERO

EN LAS NACIONALIDADES

masculino	femenino	masculino y femenino
-o	**-a**	belg**a**
italian**o**	italian**a**	marroqu**í**
turc**o**	turc**a**	estadounid**ense**
-consonante	**-consonante + a**	
alemán	aleman**a**	
francés	frances**a**	

EN LAS PROFESIONES

masculino	femenino	masculino y femenino
camarer**o**	camarer**a**	period**ista**
cociner**o**	cocinera	deport**ista**
secretari**o**	secretaria	estudiante

En algunas profesiones, se produce una variación en el artículo para diferenciar el masculino del femenino (**un/a juez, un/a médico, el/la presidente...**), pero cada vez es más habitual cambiar también el sustantivo (**una jueza, una médica, la presidenta...**).

LAS TRES CONJUGACIONES

Primera conjugación: **-ar**	Segunda conjugación: **-er**	Tercera conjugación: **-ir**
estudi**ar**	le**er**	escrib**ir**
cant**ar**	ten**er**	**ir**
cocin**ar**	s**er**	viv**ir**

VERBOS SER, TENER Y LLAMARSE

	ser	tener	llamarse
(yo)	soy	tengo	me llamo
(tú)	eres	tienes	te llamas
(él/ella/usted)	es	tiene	se llama
(nosotros/nosotras)	somos	tenemos	nos llamamos
(vosotros/vosotras)	sois	tenéis	os llamáis
(ellos/ellas/ustedes)	son	tienen	se llaman

7. LAS COSAS DE LA CLASE

¿Sabéis los nombres de las cosas de la clase? En parejas, anotad los nombres que sabéis y preguntad a vuestros compañeros o al profesor los que no sabéis. ¿Quién sabe más palabras?

¿Cómo se llama esto en español?
¿Cómo se escribe "bolígrafo"? ¿Con be o con uve?
¿Cómo se dice "TV" en español?

8. EL PRIMER DÍA DE CLASE

A. Antonio, un chico argentino que vive en Londres, ha tenido su primera clase en una escuela internacional de márketing. Escucha su conversación con un amigo y marca en la lista los nombres de los compañeros de clase de Antonio.

Alice
Keiko
Robert
Eli
Andrea
Claudia
Catrina
Fuat
Hanae
Peter
Eva
Montse
Karen

B. Ahora, escucha otra vez y anota la información que tienes de cada uno de los compañeros de Antonio.

NOMBRES	■■■
1 Karen es	
....	
2 .... es	
....	
3 .... es	
....	
4 .... es	
....	
5 .... es	
....	
6 .... es	
....	

9. LOS COMPAÑEROS DE CLASE

A. Vamos a hacer un cartel con la información de los miembros de la clase. Cada uno es el responsable de anotar la información de un compañero. Aquí tenéis un modelo.

Se llama Anne Wagner

Es alemana, de Stuttgart

ES DISEÑADORA GRÁFICA

5 palabras o expresiones importantes para ella en español:
- AMIGO
- POR FAVOR
- ROPA
- LIBRO
- VACACIONES

SUS AFICIONES SON:
* PASEAR CON SU PERRO *
* LEER *
* VIAJAR *

Su número de teléfono es el 7500890

Su dirección de correo electrónico es:

anitaw@online.com

TIENE 27 AÑOS

B. Después, podéis colgar el cartel en una pared del aula. Podéis poner también una foto o una caricatura.

VIAJAR

10. MÚSICA LATINA

🔊 **A.** Vas a escuchar cuatro fragmentos de música de algunos países en los que se habla español. ¿De qué país crees que es cada una?

España

México

Cuba   República Dominicana

Guatemala Honduras

El Salvador   Nicaragua   Puerto Rico

Costa Rica

Panamá

Venezuela

Colombia

Ecuador

Perú

Bolivia

Paraguay

Chile

Uruguay

Argentina

B. Ahora, lee este pequeño texto y relaciona cada párrafo con una de las fotografías.

La música de mariachi es típica de México. El conjunto tiene ocho músicos, que tocan diversos instrumentos, como la guitarra, el violín y la trompeta. Esta música es muy popular en bodas, cumpleaños y fiestas de quinceañeras.

El son cubano tiene su origen en melodías africanas, españolas e indígenas. El son es la base de la salsa, estilo que amplía y moderniza los sonidos cubanos con influencias de otras músicas latinoamericanas.

El flamenco es una música y un baile típicos del sur de España. El instrumento principal es la guitarra, que normalmente se acompaña con las palmas.

El tango es argentino. Este baile nace en los barrios marginales de Buenos Aires. El tango expresa toda la melancolía del emigrante. Hoy, es conocido en todo el mundo.

11. SALUDOS Y DESPEDIDAS

🔊 El español es una lengua que hablan unos 400 millones de personas. Todos hablan el mismo idioma, pero hay diferencias. Estas son maneras de saludarse y de despedirse entre amigos. ¿Cuáles crees que son saludos (S)? ¿Cuáles despedidas (D)?

		S	D
1. Argentina	**Hola, ¿qué tal? ¿Todo bien?**		
2. Venezuela	**Chao y hasta la próxima.**		
3. Cuba	**Hasta luego.**		
4. Argentina	**Chau, nos vemos.**		
5. Venezuela	**Hola, ¿cómo están?**		
6. Cuba	**Hola, ¿qué tal?**		
7. España	**Adiós, hasta luego.**		
8. México	**¿Qué onda? ¿Cómo estás?**		

2

QUIERO APRENDER ESPAÑOL

En esta unidad vamos a

**decidir qué queremos hacer
en este curso de español**

Para ello vamos a aprender:

> a expresar intenciones > a expresar intereses
> a explicar los motivos de lo que hacemos
> el Presente de Indicativo (verbos terminados
en **-ar/-er/-ir**) > algunos usos de **a**, **con**,
de, **por** y **para** > el artículo determinado
> los pronombres personales sujeto

1. ESTE FIN DE SEMANA...

A. Eva tiene algunos planes para este fin de semana. ¿Qué cosas de la lista quiere hacer? Márcalo y coméntalo con tus compañeros.

- ❏ estudiar español
- ❏ ir al cine
- ❏ ir a un museo
- ❏ salir de noche
- ❏ escribir un correo electrónico a un amigo
- ❏ ir al teatro
- ❏ trabajar
- ❏ hacer fotos
- ❏ invitar a cenar a unos amigos
- ❏ ir de compras
- ❏ ir de excursión
- ❏ leer
- ❏ hacer ejercicio
- ❏ pasear

- • Eva quiere hacer fotos...

B. ¿Y tú? ¿Qué quieres hacer este fin de semana? Coméntalo con tus compañeros.

- • Yo quiero salir de noche. ¿Y tú?
- ○ Yo también. Y quiero hacer fotos.
- ■ Pues yo quiero ir de excursión a...

2. ¿TE INTERESAN ESTAS ACTIVIDADES?

A. Imagina que tu escuela organiza las siguientes actividades para los estudiantes de español. Marca las tres que más te interesan.

CURSOS ESPECIALES

· Curso de guitarra flamenca
· Curso de cocina española
· Curso de literatura española y latinoamericana
· Curso de cine
· Curso de teatro
· Curso de pronunciación
· Curso de gramática

Intercambios y clases particulares

- Me llamo Sergio y soy de Madrid. ¿Quieres practicar el español conmigo? sergio47@hotmail.com

- ¿Quieres aprender español? Profesor nativo. 3 años de experiencia. Precio económico. antoniodelafuente@yahoo.es

CLUB SOCIAL

- ¡Viva el fútbol! ¡Todos los partidos de las ligas española y argentina en pantalla gigante!
- Noche de salsa todos los jueves.

ACTIVIDADES CULTURALES

- Taller de teatro

- Debate del mes: ¿Gran Hermano o telenovela? El impacto de la televisión en los países latinoamericanos.

- Cine: esta semana la película argentina *Luna de avellaneda*.

B. Ahora, compara tus respuestas con las de tus compañeros. ¿Cuáles son las tres actividades que más interesan a la clase?

● A mí me interesan el curso de guitarra, el fútbol y el intercambio con Sergio.
○ Pues a mí me interesan los cursos de teatro y de cine, y la película argentina.

3. ¿POR QUÉ ESTUDIAN ESPAÑOL?

A. Todas estas personas estudian español. ¿Por qué crees que lo hacen? Compara tus respuestas con las de un compañero.

A. Para viajar por Sudamérica.
B. Por su trabajo.
C. Porque su novia es colombiana.
D. Para leer en español.
E. Para chatear con sus amigos.
F. Porque quiere vivir en España.
G. Para mejorar su currículum.
H. Para aprobar el curso.

B. Ahora, escucha a tres estudiantes españoles. ¿Qué idioma estudian y por qué? Escríbelo en tu cuaderno.

4. ¿ESTUDIAS O TRABAJAS?

A. Subraya los verbos que aparecen en los dibujos.

¿Estudias o trabajas?

Yo estudio y mi novio trabaja aquí.

¿Estudiáis o trabajáis?

Nosotros estudiamos y ellas trabajan aquí.

B. Escribe los verbos que has subrayado al lado del pronombre personal correspondiente. Después, completa el cuadro con las formas que faltan.

	estudiar	trabajar
(yo)	....	....
(tú)	....	....
(él/ella/usted)	....	....
(nosotros/nosotras)	....	....
(vosotros/vosotras)	....	....
(ellos/ellas/ustedes)	....	....

C. ¿Puedes conjugar ahora el verbo **practicar** en Presente?

5. QUIERO, QUIERES, QUIERE...

A. Además de aprender español, seguro que tienes algunos sueños o deseos. ¿Quieres hacer algunas de estas cosas en el futuro? Elige dos y márcalas.

- ❑ viajar por Latinoamérica
- ❑ aprender otros idiomas
- ❑ vivir en España
- ❑ tener hijos
- ❑ escribir un libro
- ❑ tener una pareja estable
- ❑ ser millonario/a
- ❑ tener una casa muy grande
- ❑ ser famoso/a
- ❑ ir a la Luna
- ❑ vivir 100 años

B. Ahora, pregunta a tus compañeros. Luego, con tus respuestas y con las de tus compañeros, completa las frases, como en el ejemplo.

1. (Yo) Quiero ser famoso y tener una casa muy grande.
2. Mi compañero/a Joe quiere ir a la Luna y vivir 100 años.
3. Anne y yo queremos ser famosos.
4. Katerina y Michael quieren viajar por Latinoamérica y aprender otros idiomas.

1. (Yo) Quiero ....
2. Mi compañero/a .... quiere ....
....
3. .... y yo queremos ....
4. .... y .... quieren ....
....

C. ¿Puedes conjugar ahora el verbo **querer**?

	querer
(yo)	....
(tú)	quieres
(él/ella/usted)	....
(nosotros/nosotras)	....
(vosotros/vosotras)	queréis
(ellos/ellas/ustedes)	....

D. Ahora, compara el verbo **querer** con otro acabado en **-er**: **aprender**. ¿Tienen las mismas terminaciones? ¿En qué se diferencian?

	aprender
(yo)	aprendo
(tú)	aprendes
(él/ella/usted)	aprende
(nosotros/nosotras)	aprendemos
(vosotros/vosotras)	aprendéis
(ellos/ellas/ustedes)	aprenden

EXPRESAR INTENCIONES

	querer	+ Infinitivo
(yo)	quiero	
(tú)	quieres	
(él/ella/usted)	quiere	viajar
(nosotros/nosotras)	queremos	tener hijos
(vosotros/vosotras)	queréis	ir a la Luna
(ellos/ellas/ustedes)	quieren	

- ● ¿Qué **queréis hacer** este fin de semana?
- ○ Yo **quiero hacer** deporte.
- ■ Pues yo **quiero leer** un buen libro y **pasear**.

EXPRESAR INTERESES

(A mí)	me	
(A ti)	te	
(A él/ella/usted)	le	interesa **el curso** de gramática.
(A nosotros/nosotras)	nos	interesan **los cursos** de cocina.
(A vosotros/vosotras)	os	
(A ellos/ellas/ustedes)	les	

- ● ¿**A vosotros** qué curso **os interesa**?
- ○ **A mí me interesa** el curso de teatro.
- ■ **A mí**, el de cocina.

HABLAR DE MOTIVOS

	Porque + verbo conjugado **Porque** quiero vivir en Cuba.
Por qué + verbo conjugado ¿**Por qué** estudias español?	**Para** + Infinitivo **Para** viajar por Chile.
	Por + sustantivo **Por** mi trabajo.

PRONOMBRES PERSONALES SUJETO

	Singular	Plural
1ª persona	yo	nosotros/nosotras
2ª persona	tú/usted*	vosotros/vosotras/ustedes*
3ª persona	él/ella	ellos/ellas

! * **Usted** y **ustedes** van con las formas verbales de 3ª persona.

PRESENTE DE INDICATIVO: VERBOS REGULARES TERMINADOS EN -AR

	hablar
(yo)	hablo
(tú)	hablas
(él/ella/usted)	habla
(nosotros/nosotras)	hablamos
(vosotros/vosotras)	habláis
(ellos/ellas/ustedes)	hablan

Otros verbos: **estudiar**, **trabajar**, **viajar**, **bailar**, **visitar**, **entrar**, **comprar...**

PRESENTE DE INDICATIVO: VERBOS REGULARES TERMINADOS EN -ER/-IR

	comprender	escribir
(yo)	comprendo	escribo
(tú)	comprendes	escribes
(él/ella/usted)	comprende	escribe
(nosotros/nosotras)	comprendemos	escribimos
(vosotros/vosotras)	comprendéis	escribís
(ellos/ellas/ustedes)	comprenden	escriben

Otros verbos: **leer**, **aprender**, **comer**, **vivir**, **descubrir...**

VERBOS Y PREPOSICIONES

	conocer	México.
	visitar	Barcelona.
	aprender	otras lenguas.
Quiero	practicar	español.
	estudiar	fotografía.
	hacer	muchas fotos
	descubrir	lugares nuevos.

Quiero	ir	**a** la playa / **al*** cine / **a** bailar. **de** compras.
Quiero	salir	**con** mis compañeros. **de** noche.

Cuando el Complemento de Objeto Directo se refiere a personas lleva la preposición **a**: **Quiero conocer a tu hermano**.

! * **al = a + el**

EL ARTÍCULO DETERMINADO

	Singular	Plural
Masculino	**el** pueblo **el** museo **el** curso	**los** pueblos **los** museos **los** cursos
Femenino	**la** playa **la** fiesta **la** discoteca	**las** playas **las** fiestas **las** discotecas

- ● Me interesan **los** museos y **la** historia.

En general, los sustantivos acabados en **-o** son masculinos y los acabados en **-a** son femeninos. Hay, sin embargo, numerosas excepciones: **el idioma**, **la mano**, **la moto**, etc. Los acabados en **-e** pueden ser masculinos y/o femeninos: **la gente**, **el/la estudiante...**

! Las palabras femeninas que empiezan en **a** tónica usan, en singular, el artículo determinado **el**: **el aula**, **el ave...**

6. ¿QUÉ COSAS TE INTERESAN DEL MUNDO HISPANO?

A. Prepara frases con las cosas que te interesan y, luego, cuéntaselo a un compañero.

la historia
la gente
la comida
el cine
el arte
la literatura
la cultura
la música
la vida nocturna
la política
la artesanía
la naturaleza
las playas
las fiestas
los toros
los museos
el fútbol
la economía

- A mí me interesan la política y la historia.
- Pues a mí la política no me interesa. Me interesa la vida nocturna...

B. Ahora, informa al resto de la clase de lo que has averiguado de tu compañero.

- A Lisa le interesan la vida nocturna, la música, la gente y el arte.

7. LUGARES INTERESANTES

¿Qué tres lugares del mundo hispano quieres visitar en algún momento de tu vida? Coméntalo con tus compañeros y justifica por qué.

- Yo quiero ir a Argentina para ver la Patagonia.
- Yo también, porque tengo familia en Buenos Aires.

1.

2.

3.

8. ¿QUÉ IDIOMAS HABLAS?

A. Seguro que en tu clase tienes compañeros que hablan o que tienen contacto con más de un idioma. ¿Por qué no se lo preguntas? Haz una ficha como la siguiente con la información de tres de tus compañeros.

> Hablo inglés **muy bien**.
> Leo **bastante bien** en francés.
> Entiendo portugués **regular**. = Entiendo **un poco de** portugués.
> Escribo en italiano, pero **muy mal**.

- ¿Qué idiomas hablas?
- Yo hablo alemán porque es mi lengua materna, hablo italiano bastante bien y un poco de francés.

NOMBRE David	
IDIOMA	**¿QUÉ SABE HACER EN ESTE IDIOMA?**
alemán	Habla y escribe muy bien.
italiano	Habla bastante bien y escribe regular.
francés	Habla y escribe regular.

B. ¿Alguien de la clase habla más de dos idiomas? ¿Y más de tres? ¿Y más de cuatro? ¿Quién puede ser el "traductor oficial" de la clase?

9. ¿QUÉ QUIERES HACER EN ESTE CURSO?

A. Marca las tres cosas que más te interesa hacer en este curso.

- ❏ LEER PERIÓDICOS Y REVISTAS EN ESPAÑOL
- ❏ ESCUCHAR CANCIONES EN ESPAÑOL
- ❏ HACER EJERCICIOS DE GRAMÁTICA
- ❏ LEER LITERATURA
- ❏ HABLAR MUCHO EN CLASE
- ❏ ESCUCHAR GRABACIONES
- ❏ PRACTICAR LA PRONUNCIACIÓN
- ❏ VER PELÍCULAS EN ESPAÑOL
- ❏ ESCRIBIR POSTALES
- ❏ IR DE EXCURSIÓN CON LOS COMPAÑEROS DE CLASE
- ❏ PRACTICAR ESPAÑOL CON JUEGOS
- ❏ APRENDER A PREPARAR PLATOS TÍPICOS
- ❏ TRADUCIR
- ❏ BUSCAR INFORMACIÓN EN ESPAÑOL EN INTERNET
- ❏ CANTAR EN ESPAÑOL
- …

B. En pequeños grupos, decidid qué tres cosas queréis hacer todos en este curso.

- Yo quiero hablar mucho en clase, ver películas en español y leer periódicos y revistas. ¿Y tú?
- A mí me interesa escuchar canciones…

 C. Ahora, completad el texto y comentad vuestras preferencias con el resto de la clase.

En este curso, nosotros queremos…

10. ¡TE QUIERO!

A. Lee este poema. ¿Qué significa "te quiero"?

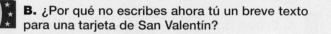 **B.** ¿Por qué no escribes ahora tú un breve texto para una tarjeta de San Valentín?

Tú eres el aire
que quiero besar,
tú eres el cuerpo
que quiero sentir.

Tú eres la rosa
que quiero mirar,
tú eres la luz
que quiero seguir.

Tú eres la idea
que quiero soñar,
tú eres la vida
que quiero vivir.

Besar, sentir, mirar,
seguir, soñar, vivir...

¡Te quiero!

(Para Margarita, de Amador,
San Valentín, 1962)

11. TE QUIERO PERO... ¿EN QUÉ IDIOMA?

¿En cuántos idiomas sabes decir "te quiero"? Aquí tienes una lista de maneras de decir "te quiero" en muchos idiomas. ¿Puedes reconocer algunas? Relaciona las frases con los idiomas. Tu profesor sabe las soluciones.

1. Ich liebe Dich   japonés
2. I love you   holandés
3. Ya tyebya lyublyu   portugués
4. S'agapó   alemán
5. Ik hou van jou   ruso
6. Je t'aime   inglés
7. Aloha i'a au oe   español
8. Eu te amo   francés
9. Kimi o ai shiteru   griego
10. Te quiero   hawaiano

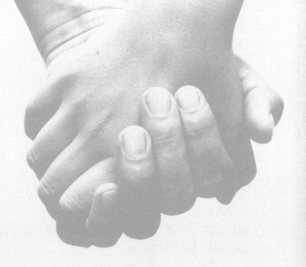

3

¿DÓNDE ESTÁ SANTIAGO?

En esta unidad vamos a
hacer un concurso de nuestros conocimientos sobre el mundo hispano

Para ello vamos a aprender:
> a describir lugares y países > a expresar existencia
> a hablar de ubicación > a hablar del clima
> algunos usos de **hay** > el verbo **estar** > el superlativo
> un/una/unos/unas > mucho/mucha/muchos/muchas
> qué/cuál/cuáles/cuántos/cuántas/dónde/cómo

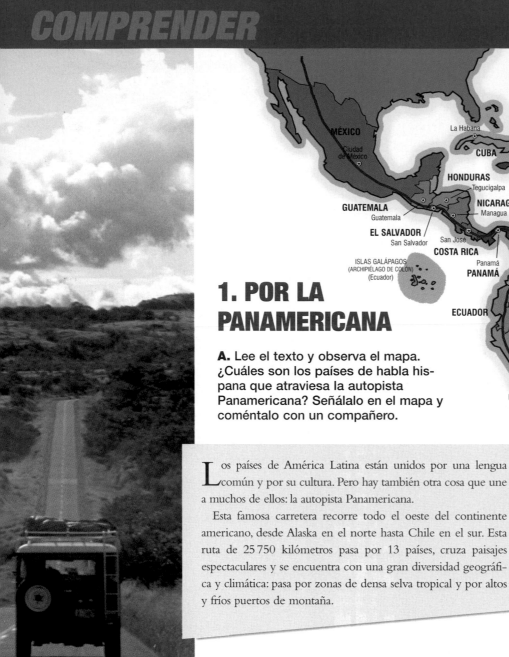

1. POR LA PANAMERICANA

A. Lee el texto y observa el mapa. ¿Cuáles son los países de habla hispana que atraviesa la autopista Panamericana? Señálalo en el mapa y coméntalo con un compañero.

Los países de América Latina están unidos por una lengua común y por su cultura. Pero hay también otra cosa que une a muchos de ellos: la autopista Panamericana.

Esta famosa carretera recorre todo el oeste del continente americano, desde Alaska en el norte hasta Chile en el sur. Esta ruta de 25 750 kilómetros pasa por 13 países, cruza paisajes espectaculares y se encuentra con una gran diversidad geográfica y climática: pasa por zonas de densa selva tropical y por altos y fríos puertos de montaña.

Clima: seco en el norte, templado en el centro y frío en el sur
Un producto importante: el cobre

Un plato típico: la empanada
Lugares de interés turístico: los Andes, la isla de Pascua

Un plato típico: el gallopinto
Lugares de interés turístico: el volcán Arenal, los parques naturales

---

Capital: San José
Lengua oficial: el español

Moneda: el peso
Población: 15 millones

Capital: Quito
Lengua oficial: el español y el quechua

Moneda: el dólar
Población: 11,8 millones

Clima: tropical en la costa, frío en el interior
Un producto importante: el cacao

Un plato típico: el locro
Lugares de interés turístico: las islas Galápagos, Ingapirca

Clima: tropical
Un producto importante: el café

Moneda: el colón
Población: 3,9 millones

Capital: Santiago
Lengua oficial: el español

B. ¿A qué país crees que corresponden los datos de cada una de las fichas? ¿A Chile (1), a Costa Rica (2) o a Ecuador (3)? Ponte de acuerdo con un compañero.

● La capital de Chile es Santiago, ¿verdad?

○ Sí, sí, seguro. ¿Y la moneda es el peso?

● No sé, yo creo que...

C. ¿Y qué sabes sobre España? Intenta colocar la información en el apartado correspondiente de la ficha.

Capital: ....

Lenguas oficiales: ....

Clima: ....

Moneda: ....

Un producto importante: ....

Población: ....

Un plato típico: ....

Lugares de interés turístico: ....

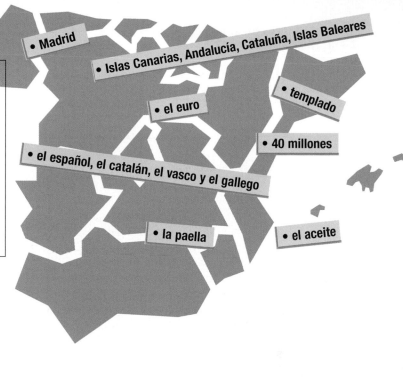

- Madrid
- Islas Canarias, Andalucía, Cataluña, Islas Baleares
- templado
- el euro
- 40 millones
- el español, el catalán, el vasco y el gallego
- la paella
- el aceite

2. JUEGA Y GANA

A. La cadena de supermercados Todoprix sortea un viaje a México entre los clientes que contesten correctamente a estas preguntas. ¿Quieres intentarlo?

Contesta a estas preguntas sobre México y gana un fabuloso viaje a Cancún para dos personas con todos los gastos pagados en un fantástico hotel de cinco estrellas.

SUPERMERCADOS ¡TODOPRIX!

1. ¿Cuál es la capital de México?
- ☐ A. Buenos Aires
- ☐ B. México DF
- ☐ C. Acapulco

2. ¿Cuántos habitantes tiene el país?
- ☐ A. 102 millones
- ☐ B. 50 millones
- ☐ C. 10 millones

3. ¿Cuántas lenguas oficiales hay?
- ☐ A. Ninguna
- ☐ B. Dos, el español y el maya
- ☐ C. Una, el español

4. ¿Hay selvas y desiertos?
- ☐ A. Selvas sí, pero desiertos no
- ☐ B. Desiertos sí, pero selvas no
- ☐ C. Sí, hay selvas y desiertos

5. ¿Dónde está Oaxaca?
- ☐ A. En el norte
- ☐ B. En el centro
- ☐ C. En el sur

6. ¿Cuál es la moneda?
- ☐ A. El euro
- ☐ B. El peso
- ☐ C. El dólar

7. ¿Qué es una "ranchera"?
- ☐ A. Una música típica
- ☐ B. Una lengua indígena
- ☐ C. Un plato típico

8. ¿Cómo es el clima en la costa atlántica?
- ☐ A. Frío
- ☐ B. Tropical y lluvioso
- ☐ C. Seco

9. ¿Qué es el "tequila"?
- ☐ A. Un estado
- ☐ B. Una fiesta popular
- ☐ C. Una bebida

10. ¿Qué son Yucatán y Puebla?
- ☐ A. Dos estados
- ☐ B. Dos ríos
- ☐ C. Las dos montañas más altas del país

ENVÍA TUS RESPUESTAS AL APARTADO DE CORREOS 09090 DE MADRID

B. Compara tus respuestas con las de un compañero. ¿Quién ha acertado más? Tu profesor tiene las respuestas.

3. ¿DÓNDE ESTÁ?

A. Lola está de viaje por Latinoamérica y escribe un correo electrónico a sus padres. ¿En qué país crees que está ahora? ¿En Guatemala, en Argentina o en Cuba?

Asunto: ¡Hola!

▶ Archivos adjuntos: *foto lola*

¡Hola papis!
¿Cómo estáis? Yo, muy bien. Ahora estamos en _____, en la capital, que está en el centro del país.
La gente es muy simpática y todo el mundo es muy amable. Además, aquí todo es precioso. Hay unas playas de arena negra maravillosas, están en el Pacífico y son increíbles. La comida también es muy buena: el tamal es el plato más típico, pero hay muchas cosas ricas...
Hace mucho calor y el clima es muy húmedo (llueve por la tarde casi todos los días), pero no importa.
Mañana vamos a Tikal para visitar unas ruinas mayas que están en la selva y, después, vamos a México. Os escribo desde allí, ¿vale?

Un beso muy grande.
Lola

B. Ahora, lee el texto de nuevo y escribe en tu cuaderno, en dos columnas, las frases que contienen las formas **está/están** y las que contienen **es/son**.

C. ¿Qué diferencias encuentras entre estos dos verbos?

4. ¿QUÉ O CUÁL?

Lee estas frases y observa cuándo se usa **qué** y cuándo **cuál/cuáles**. ¿Cómo haces estas preguntas en tu lengua?

- ● ¿**Cuál** es la comida más conocida de España?
  ○ La paella.

- ● ¿**Qué** es el guacamole?
  ○ Un plato mexicano.

- ● ¿**Cuáles** son las lenguas oficiales de Perú?
  ○ El español y el quechua.

- ● ¿**Qué** son las rancheras?
  ○ Un tipo de música tradicional mexicana.

5. ¿QUÉ HAY EN ESPAÑA?

A. Lee esta conversación de chat entre Leda, una chica brasileña que quiere visitar España, y Ana, una chica valenciana. ¿Crees que Leda sabe mucho o poco de España? Coméntalo con un compañero.

CHAT *Viajes*

Estás en la Sala de Encuentros: 1945689

LEDA18: ¡Hola! Me llamo Leda. Soy brasileña. Voy a España a final de mes. ¿Hay algún español conectado?

ANA-VLC: Hola, soy Ana, de Valencia. ¿Qué ciudades quieres visitar?

LEDA18: Hola Ana. Viajo con un amigo y queremos hacer una ruta por todo el país.

ANA-VLC: ¡Qué bien! :-)

LEDA18: Sí. Primero vamos a Madrid. ¿Qué cosas interesantes hay?

ANA-VLC: Bueno, en Madrid hay unos museos muy interesantes y muchos parques. También hay muchos bares...

LEDA18: Y también hay un acueducto romano muy lindo, ¿verdad?

ANA-VLC: Bueno, sí, pero está en Segovia, no en Madrid.

LEDA18: ¿Y en España hay parques naturales? Soy bióloga y...

ANA-VLC: Sí, muchos. El más famoso es el Parque de Doñana.

LEDA18: ¿Dónde está?

ANA-VLC: Está en Andalucía.

LEDA18: También queremos ir a Sevilla y visitar la Giralda y la Alhambra.

ANA-VLC: Bueno, la Giralda sí está en Sevilla, pero la Alhambra está en Granada.

LEDA18: ¡Ah, sí! ¡Es verdad! ¿Y hay playas bonitas en España?

ANA-VLC: Bufff, sí, hay playas por todo el país. Por ejemplo, en Andalucía hay unas playas fantásticas.

LEDA18: ¿Dónde están exactamente?

ANA-VLC: Creo que las más bonitas están en Cádiz y en Huelva.

LEDA18: ¡Perfecto! Muchas gracias, Ana. :-)

B. Subraya las frases en las que aparece la forma **hay** y las formas **está/están**.

C. ¿Qué palabras aparecen después de **hay**?

D. Ahora, escribe frases con estas construcciones.

En mi país hay ....

Mi país es ....

Mi país está ....

EXPRESAR EXISTENCIA

En Asturias **hay muchas** montañas.
En España **hay cuatro** lenguas oficiales.
En La Rioja **hay unos** vinos muy buenos.
En Barcelona **hay un** estadio de fútbol muy grande.
En Venezuela **hay** petróleo/selvas...

En España **no hay** petróleo/selvas...

EXPRESAR UBICACIÓN: VERBO ESTAR

	estar
(yo)	estoy
(tú)	estás
(él/ella/usted)	está
(nosotros/nosotras)	estamos
(vosotros/vosotras)	estáis
(ellos/ellas/ustedes)	están

- *La Giralda **está** en Sevilla.*
- *Las islas Cíes **están** en Galicia.*

Recuerda:
~~Aquí **hay el** lago precioso.~~   Aquí **hay un** lago precioso.
~~En Lima **está una** catedral.~~   En Lima **hay una** catedral.

DESCRIBIR Y DEFINIR LUGARES, PERSONAS O COSAS

ser + adjetivo
Perú **es** muy bonito.
Los peruano**s son** muy amables.

ser + sustantivo
México **es** un país muy turístico.
Las rancheras **son** canciones populares mexicanas.

CUANTIFICADORES

mucho	En esta región hay **mucho** café.
mucha	En esta ciudad hay **mucha** delincuencia.
muchos	En Francia hay **muchos** tipo**s** de queso.
muchas	En México hay **muchas** cultura**s** autóctonas.

muy + adjetivo		verbo + **mucho**	
muy	bonito/a/os/as	Llueve	**mucho**.
		Nieva	**mucho**.

EL CLIMA

Hace calor/frío.	**El clima es**	templado.
Llueve.		tropical.
Nieva.		frío.

CONCORDANCIA: ARTÍCULOS Y ADJETIVOS

Singular	
Masculino	Femenino
un lugar turístic**o**	**una** playa turística

Plural	
Masculino	Femenino
unos lugare**s** turístic**os**	**unas** playa**s** turística**s**

Los adjetivos que terminan en **-e** o en consonante tienen la misma forma para el masculino y para el femenino.

Singular		Plural	
un país	grande	unos países	grande**s**
una ciudad		unas ciudades	
un plato	tradicional	unos platos	tradicional**es**
una bebida		unas bebidas	

PREGUNTAR Y RESPONDER

- **¿Cómo es** el clima de Cuba?
  ○ Tropical.
- **¿Cuántos** habitantes hay en España?
  ○ 42 millones.

- **¿Dónde** está Panamá?
  ○ En Centroamérica.
- **¿Cuántas** lenguas oficiales hay en Paraguay?
  ○ Dos, el español y el guaraní.

- **¿Hay** selvas en México?
  ○ Sí.

PARA DEFINIR

- **¿Qué es** el mate?
  ○ Una infusión.
- **¿Qué son** las castañuelas?
  ○ Un instrumento musical.

PARA IDENTIFICAR

- **¿Cuál es** la capital de Venezuela?
  ○ Caracas.
- **¿Cuáles son** los dos países más grandes de habla hispana?
  ○ Argentina y México.

EL SUPERLATIVO

El Prado **es el** museo **más** famoso de Madrid.
El Nilo y el Amazonas **son los** ríos **más** largos **del** mundo.
Asunción **es la** ciudad **más** grande de Paraguay.
El Everest y el K2 **son las** montañas **más** altas **del** mundo.

6. ¿DE QUÉ PAÍS SE TRATA?

A. Adivina de qué país se trata en cada caso. Tu profesor sabe las respuestas.

1. Es el país más poblado de Latinoamérica.
2. Hay muchos canguros.
3. Está en el Caribe y es famoso por el *reggae*.
4. Hay tres pirámides muy famosas.
5. Los Urales están allí.
6. Es el país más pequeño de Europa.
7. Hay cuatro lenguas oficiales: el francés, el italiano, el alemán y el romanche.
8. Hay una ciudad que se llama Casablanca.

B. Ahora, juega con tu compañero: tú piensas frases y él tiene que adivinar de qué país se trata.

- El Kilimanjaro está allí.
- ○ ¿Kenia?
- No.
- ○ ¿Tanzania?
- Sí.

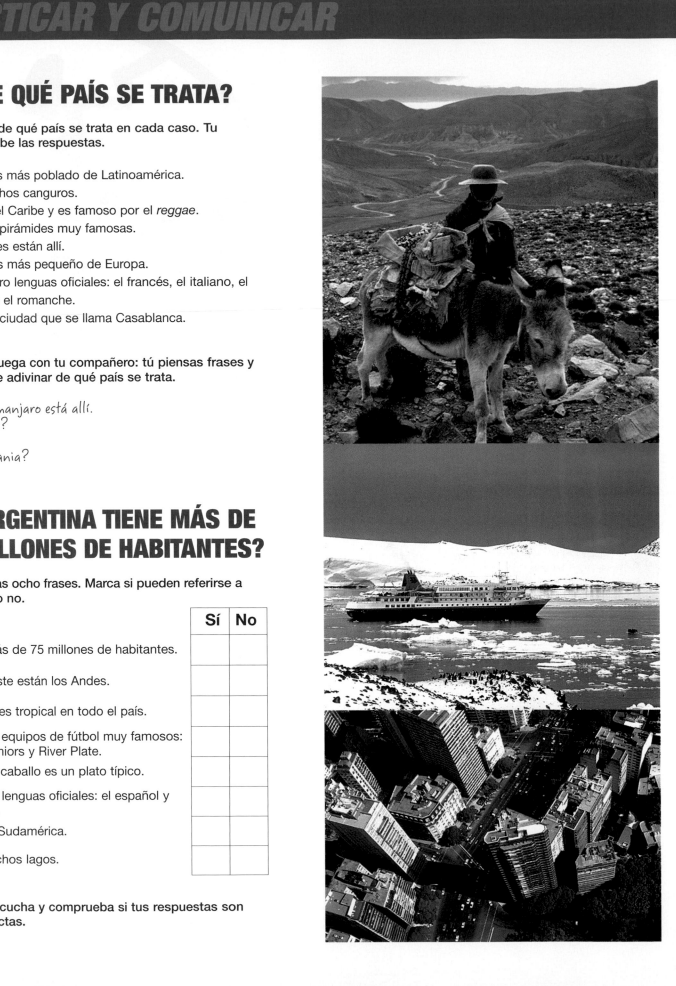

7. ¿ARGENTINA TIENE MÁS DE 75 MILLONES DE HABITANTES?

A. Lee estas ocho frases. Marca si pueden referirse a Argentina o no.

	Sí	No
1. Tiene más de 75 millones de habitantes.		
2. En el oeste están los Andes.		
3. El clima es tropical en todo el país.		
4. Hay dos equipos de fútbol muy famosos: Boca Juniors y River Plate.		
5. El bife a caballo es un plato típico.		
6. Hay dos lenguas oficiales: el español y el inglés.		
7. Está en Sudamérica.		
8. Hay muchos lagos.		

B. Escucha y comprueba si tus respuestas son correctas.

8. ¿OSOS EN ESPAÑA?

En este mapa hay cuatro cosas que no corresponden a España. ¿Puedes encontrarlas? Coméntalo con tu compañero.

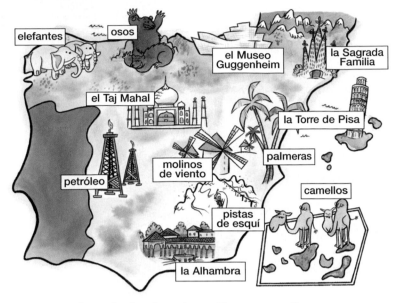

- La Sagrada Familia está en España, ¿no?
- Sí, en Barcelona.

9. UN PAÍS INTERESANTE

A. Piensa en un país que te interesa, o que conoces bien, y escribe un texto describiéndolo.

> China es un país muy grande y muy interesante. Está en Asia y la capital es Pequín. Es el país más poblado del mundo. La lengua oficial es el chino mandarín, pero hay muchos dialectos y otras lenguas.

B. Ahora, preséntaselo a la clase.

C. De todos los países que han presentado tus compañeros, ¿cuáles quieres visitar?

- Yo, China y Tailandia.

10. UN TRIVIAL SOBRE EL MUNDO HISPANO

A. Vamos a jugar al Trivial. Para ello vamos a dividir la clase en dos equipos. Cada equipo va a preparar ocho tarjetas con preguntas sobre países del mundo hispano. Cada equipo tiene que entregar al profesor las respuestas correctas de sus preguntas.

B. Ahora, por turnos, cada equipo hace una pregunta al equipo contrario, que tiene 30 segundos para contestar. Si la respuesta es correcta, gana un punto. Gana quien más puntos tiene al final.

11. ¿TE SORPRENDE?

A. Estas cuatro fotografías nos muestran imágenes poco conocidas del mundo hispano. Cada una de ellas es una instantánea de un país en el que se habla español. ¿De qué país crees que se trata en cada caso?

B. Ahora, vas a escuchar a cuatro personas que hablan de lo que ves en las fotografías. Comprueba de qué países se trata. ¿Has acertado?

C. Lee estos datos curiosos sobre algunos países de habla hispana. ¿Puedes completar las tres últimas frases? Si necesitas ayuda, puedes preguntar a tus compañeros o a tu profesor.

MUNDO LATINO EN SUPERLATIVO

- El lugar más seco del planeta está en Chile: el desierto de Atacama. En algunas zonas no llueve desde hace 400 años.

- La Paz (Bolivia) es la capital más alta del mundo.

- La montaña más alta del mundo hispano es el Aconcagua, que está en Argentina.

- La ciudad más al sur del planeta es Puerto Williams, en Chile.

- El volcán Arenal, en Costa Rica, es uno de los volcanes más activos del mundo.

- La ciudad más grande del mundo hispano es México D.F., con unos 25 millones de habitantes.

- .... es el país más poblado del mundo hispano, con casi 100 millones de habitantes.

- El mayor productor de café del mundo hispano es ...., el segundo del planeta después de Brasil.

- El país más grande del mundo hispano es:
  ....

4

¿CUÁL PREFIERES?

1. CAMISETAS

A. Mauricio quiere comprarse una camiseta. Patricia, una amiga suya, lo acompaña a una tienda para ayudarle a elegir. Escucha la conversación. ¿Sabes de qué camiseta están hablando en cada parte de la conversación?

42€

camiseta gris
de manga larga
MODELO: Tokio
TALLA: mediana

45€

camiseta azul
de manga larga
MODELO: San Sebastián
TALLA: mediana

SAN SEBASTIAN

35€

camiseta negra
de manga corta
MODELO: Nueva York
TALLAS: mediana y grande

80€

camiseta blanca
de manga larga
MODELO: Moscú
TALLAS: mediana y grande

33€

camiseta naranja
de manga corta
MODELO: Berlín
TALLAS: pequeña y mediana

25€

KINGSTON

camiseta roja
de manga corta
MODELO: Kingston
TALLA: pequeña

35€

camiseta de rayas amarillas
y verdes de manga corta
MODELO: Las Palmas
TALLA: mediana

33€

MONTECARLO

camiseta rosa
de manga corta
MODELO: Montecarlo
TALLA: mediana

25€

DAKAR

camiseta de rayas verdes
de manga corta
MODELO: Dakar
TALLA: mediana

40€

BRISTOL

camiseta lila
de manga corta
MODELO: Bristol
TALLAS: pequeña y grande

45€

VANCOUVER

camiseta amarilla
de manga larga
MODELO: Vancouver
TALLAS: mediana y grande

B. Ahora, elige una camiseta para ti, una para tu profesor y una para un compañero.

• Para mí, la roja de manga corta, para Julia, la gris de manga larga, y para Max, la naranja.

2. YO NUNCA LLEVO SECADOR DE PELO

A. Silvia va a pasar el fin de semana en un apartamento en la costa. Esta es su maleta. ¿Sabes cómo se llaman las cosas que lleva?

12 gel de baño
___ camisetas
___ jersey
___ pantalones
___ zapatos
___ biquini
___ bragas
___ sujetador
___ sandalias
___ toalla de playa
___ libros
___ gafas de sol
___ aspirinas
___ *discman*
___ carné de identidad
___ dinero
___ tarjeta de crédito
___ cepillo de dientes
___ cepillo
___ pasta de dientes
___ protector solar
___ champú
___ secador de pelo

B. Cuando tú sales un fin de semana, ¿llevas las mismas cosas que Silvia? ¿Llevas otras? Coméntalo con tu compañero.

● Yo también llevo siempre aspirinas, pero nunca llevo secador de pelo.
○ Pues yo siempre llevo despertador...

C. ¿Y en las siguientes situaciones? ¿Qué cosas tienes que llevar? Relaciona.

1. Voy de viaje al extranjero.	A. Tengo que llevar dinero o tarjeta de crédito.
2. Salgo de compras.	B. Tengo que llevar el carné de conducir.
3. Quiero alquilar un coche.	C. Tengo que llevar ropa de deporte.
4. Voy a la playa a tomar el sol.	D. Tengo que llevar un regalo.
5. Quiero ir al gimnasio.	E. Tengo que llevar *Aula internacional 1*.
6. Voy a clase de español.	F. Tengo que llevar un protector solar.
7. Voy a una fiesta de cumpleaños.	G. Tengo que llevar el pasaporte.
8. Voy a cenar a casa de unos españoles.	H. Tengo que llevar una botella de vino o un postre.

3. ¿ESTA O ESTA?

A. En estos diálogos aparecen los pronombres demostrativos **este**, **esta**, **estos** y **estas**. ¿A cuál de estos sustantivos se refieren en cada caso: **jersey**, **camiseta**, **zapatos** o **sandalias**? Escríbelo y marca también el género y el número.

¿Cuáles son más bonitas? ¿Estas o estas?

Las verdes.

sustantivo:	masculino	femenino	singular	plural

¿Cuál es más barato? ¿Este o este?

El rojo.

sustantivo:	masculino	femenino	singular	plural

¿Cuáles prefieres? ¿Estos o estos?

Los negros.

sustantivo:	masculino	femenino	singular	plural

¿Cuál compro? ¿Esta o esta?

La azul.

sustantivo:	masculino	femenino	singular	plural

B. Ahora, marca en los diálogos anteriores todas las palabras que concuerdan en género y en número con los sustantivos **sandalias**, **jersey**, **zapatos** y **camiseta**.

- ¿Cuáles son más bonitas? ¿Estas o estas?
- Las verdes.

4. LA AZUL ES MUY PEQUEÑA

¿De qué crees que hablan? Márcalo y justifícalo.

1. La azul es muy pequeña.
   - ❏ un jersey
   - ❏ una camiseta
   - ❏ unas sandalias

2. Los verdes son muy bonitos.
   - ❏ unas bragas
   - ❏ un biquini
   - ❏ unos pantalones

3. Las más caras son las rojas.
   - ❏ unos zapatos
   - ❏ unas sandalias
   - ❏ unos jerseys

4. ¡El negro es precioso!
   - ❏ un biquini
   - ❏ unas gafas de sol
   - ❏ una camiseta

5. EN LA TIENDA

A. Lee este diálogo y completa el cuadro.

- ● Hola, buenos días.
- ○ Buenos días.
- ● ¿Qué desea?
- ○ Quería un bolígrafo.
- ● ¿De qué color?
- ○ Azul.
- ● Pues mire, aquí tiene varios.
- ○ ¿Cuánto cuestan?
- ● Este, 80 céntimos, y este otro, 2 euros.
- ○ Vale, pues me llevo este.

1. ¿Qué quiere comprar?	
¿Cómo lo dice?	
2. ¿Pregunta precios?	
¿Cómo lo dice?	
3. ¿Compra algo?	
¿Cómo lo dice?	

B. Ahora, completa estas preguntas.

1. ● ¿Cuánto .... estos zapatos?
2. ● Esta camiseta, ¿cuánto .... ?

6. VERBOS DE LA TERCERA CONJUGACIÓN

A. Aquí tienes tres verbos acabados en **-ir**. Hay uno regular, uno irregular con cambio de vocales y uno muy irregular. ¿Puedes identificarlos?

	vivir	ir	preferir
(yo)	vivo	voy	prefiero
(tú)	vives	vas	prefieres
(él/ella/usted)	vive	va	prefiere
(nosotros/nosotras)	vivimos	vamos	preferimos
(vosotros/vosotras)	vivís	vais	preferís
(ellos/ellas/ustedes)	viven	van	prefieren

B. El verbo **descubrir** es regular. ¿Puedes conjugarlo?

NUMERALES

100	cien	1000	mil	
101	**ciento** uno*/una	2000	dos mil	
102	**ciento** dos	...		
...		10 000	diez mil	
200	doscientos/as	20 000	veinte mil	
300	trescientos/as	...		
400	cuatrocientos/as	100 000	cien mil	
500	**quinientos**/as	200 000	doscientos/as mil	
600	seiscientos/as	...		
700	**sete**cientos/as	1 000 000	un millón	
800	ochocientos/as	2 000 000	dos millones	
900	**nove**cientos/as	1 000 000 000	mil millones	

3 453 276 = tres millones cuatrocientos/as cincuenta **y** tres mil doscientos/as setenta **y** seis

! * Delante de un sustantivo: ciento **un** euros.

REFERIRSE A OBJETOS

DEMOSTRATIVOS

Adjetivos demostrativos	Pronombres demostrativos	
este jersey	**este**	
esta camiseta	**esta**	**esto**
estos zapatos	**estos**	
estas sandalias	**estas**	

- ¡**Este** jersey es precioso!
- ○ Pues yo prefiero **este**.

- **Estas** gafas de sol, ¿cuánto cuestan?
- ○ 40 euros.
- ¿Y **estas**?
- ○ 55 euros.

A diferencia de los demás demostrativos, **esto** no hace referencia a un sustantivo concreto.

EL/LA/LOS/LAS + ADJETIVO

Cuando por el contexto sabemos a qué sustantivo nos referimos, podemos no mencionarlo.

- ¿Qué **coche** usamos: **el** nuevo o **el** viejo?
- Luis quiere comprar **la camiseta** verde y Julia, **la** azul.
- **Los zapatos** más caros son **los** negros.
- Tenemos que llevar **las maletas** rojas y **las** negras.

el coche nuevo ➡ **el** nuevo · los zapatos negros ➡ **los** negros
la camiseta azul ➡ **la** azul · las maletas negras ➡ **las** negras

QUÉ + SUSTANTIVO Y CUÁL/CUÁLES

Para preguntar por objetos o cosas, podemos usar **qué** + sustantivo.

- ¿**Qué perfume** usas? ¡Es muy bueno!

Cuando ya sabemos a qué nos referimos, podemos usar **cuál/cuáles** y no repetir el sustantivo.

- ¿**Qué biquini** compro para Julia?
- ○ No sé. ¿**Cuál** es el más barato?

- ¿**Qué zapatos** compro para Pedro?
- ○ No sé. ¿**Cuáles** son los más baratos?

COLORES

blanco/a		rosa		negro/a	
amarillo/a		azul		gris	
naranja		verde		marrón	
rojo/a		lila		beis	

- ¿**De qué color es** el jersey?
- ○ Naranja.

EXPRESAR NECESIDAD

		tener	**que** + Infinitivo
(yo)		**tengo**	
(tú)		**tienes**	
(él/ella/usted)		**tiene**	**que** + estudiar
(nosotros/nosotras)		**tenemos**	
(vosotros/vosotras)		**tenéis**	
(ellos/ellas/ustedes)		**tienen**	

- Esta noche voy a una fiesta de cumpleaños. **Tengo que llevar** un regalo.

HABLAR DE PREFERENCIAS

	preferir
(yo)	pref**ie**ro
(tú)	pref**ie**res
(él/ella/usted)	pref**ie**re
(nosotros/nosotras)	preferimos
(vosotros/vosostras)	preferís
(ellos/ellas/ustedes)	pref**ie**ren

- ¿Cuál **prefieres**?
- ○ Yo, el rojo. ¿Y tú?

DE COMPRAS

¿**Tienen** agua / gorros / gafas…?
Quería agua / un gorro / unas gafas…
¿**Cuánto cuesta** este gorro? / ¿**Cuánto cuestan** estas gafas?
Me llevo este gorro. / **Me llevo este.**
Me llevo estas gafas. / **Me llevo estas.**

7. ¡BINGO!

A. Este es tu cartón para jugar al bingo. Primero tienes que escribir las cifras en letras.

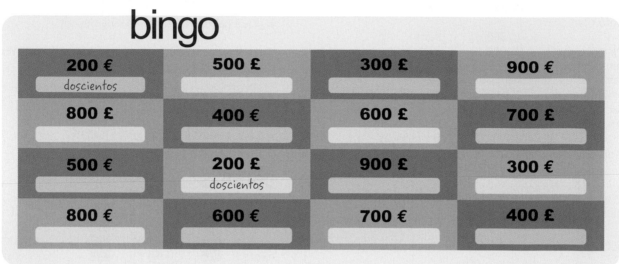

bingo

200 €	500 £	300 £	900 €
doscientos			
800 £	400 €	600 £	700 £
500 €	200 £	900 £	300 €
	doscientos		
800 €	600 €	700 €	400 £

B. Vamos a empezar el bingo. De las 16 casillas, elige once para jugar. Fíjate bien en el género: ¿dice doscientos o doscientas?

8. ¿QUÉ JERSEY PREFIERES?

Tienes que elegir un objeto de cada tipo: un jersey, unas botas, un gorro, unos pantalones y unas gafas de sol. ¿Cuáles prefieres? Coméntalo con un compañero.

- ¿Qué jersey prefieres?
- Este, el verde, ¿y tú?
- Yo, el rojo.

9. EL MERCADILLO DE LA CLASE

Vamos a dividir la clase en vendedores y clientes. Cada vendedor tiene que encontrar en la clase tres objetos del mismo tipo y decidir qué precio tienen. ¡Atención! El precio mínimo por producto es 15 euros y el máximo, 35. Los clientes tienen que comprar tres objetos, pero solo tienen 50 euros cada uno.

Cliente	Vendedor
Hola. Buenos días. / Buenas tardes.	Hola. Buenos días. / Buenas tardes.
Quería unos zapatos para mí. de hombre. de mujer. de niño. de niña.	¿Qué desea? ¿Es/son para usted? ¿De qué color?
	Sí, tenemos estos. Sí, estos (de aquí).
¿Y estos cuánto cuestan? ¿Cuánto cuestan estos (de aquí)?	X euros.
(Pues) me llevo estos/estos negros. (Pues) me llevo los negros.	
Muchas gracias.	(Gracias) A usted.

10. UN FIN DE SEMANA FUERA

A. En grupos de tres, imaginad que podéis pasar un fin de semana en uno de los tres lugares que aparecen en las fotografías. ¿Cuál elegís?

B. Cada uno lleva en la maleta su ropa y sus productos de higiene personal. Pero, ¿qué más queréis llevar? En grupos de tres, pensad en otras cinco cosas que necesitáis, cosas que compartiréis todos. Haced una lista.

- Yo creo que tenemos que llevar una cámara de fotos.
○ ¡Y una guía de la región!
■ Sí, es verdad. Y...

C. Ahora, tenéis que decidir cómo vais a conseguir esas cosas. ¿Alguno de vosotros tiene alguna de ellas? ¿Las tenéis que comprar?

- ¿Quién tiene una cámara de fotos?
○ Yo.
- Vale. Entonces llevamos la cámara de Olga. Y no tenemos una guía, ¿verdad?
■ No.
- Pues tenemos que comprar una.

A. Hotel en Buenos Aires (Argentina) **B.** Casa en Palma de Mallorca (España) **C.** Cámping en Los Llanos (Venezuela)

11. MÁS DE 2000 TIENDAS EN TODO EL MUNDO

A. Hay algunas marcas españolas que están presentes en todo el mundo. Algunas de las más populares internacionalmente son las del grupo Inditex. Son marcas que ofrecen diseño y calidad a buen precio. Lee este artículo sobre Inditex y señala todas las marcas que conoces. ¿Existen en tu país?

HISTORIA

1975
ZARA abre su primera tienda de ropa en A Coruña (España).

1976
ZARA abre tiendas en otras ciudades de España.

1985
Creación de Inditex, nombre del grupo de empresas.

1988
En diciembre, Inditex inaugura la primera tienda ZARA fuera de España, en Oporto (Portugal).

1989-1990
Estados Unidos y Francia son los siguientes mercados en los que Inditex inicia su actividad con la apertura de tiendas en Nueva York (1989) y París (1990).

1991
Nace la cadena de tiendas de moda PULL&BEAR. Inditex compra el 65% de MASSIMO DUTTI.

1992-1994
Inditex continúa su expansión internacional: México en 1992, Grecia en 1993, y Bélgica y Suecia en 1994.

1995-1996
Inditex compra el 100% de MASSIMO DUTTI y abre nuevas tiendas en Malta y en Chipre.

B. Ahora, vuelve a leer el texto y completa el cuadro.

INDITEX EN NÚMEROS
Año de creación: ....
Número de marcas: ....
Número de países en los que está presente: ....
Número total de tiendas: 2181

C. ¿Conoces otras cadenas de tiendas españolas o de otros países? Coméntalo con tus compañeros.

1997
Inditex abre tiendas en Noruega y en Israel.

1998
Nace BERSHKA, cadena dirigida al público femenino más joven. Inditex abre nuevas tiendas en Japón, Turquía, Argentina, Emiratos Árabes, Venezuela, Líbano, Kuwait y Reino Unido.

1999
Inditex compra la cadena STRADIVARIUS y abre tiendas en Holanda, Alemania, Polonia, Arabia Saudí, Bahrein, Canadá, Brasil, Chile y Uruguay.

2000
Apertura de tiendas en Austria, Dinamarca, Qatar y Andorra. Inditex construye una espectacular sede central en Arteixo (A Coruña, España).

2001
Inditex empieza a cotizar en bolsa. El grupo se introduce en Puerto Rico, Jordania, Irlanda, Islandia, Luxemburgo, República Checa e Italia. Nace OYSHO, una cadena de tiendas dedicada a la lencería.

2002
Inditex continúa su imparable crecimiento. Se abren tiendas en Suiza, Finlandia, República Dominicana, El Salvador y Singapur. Nace KIDDY'S CLASS, nueva marca del grupo dedicada a la moda infantil.

2003
Se abren las primeras tiendas del grupo en cuatro nuevos países: Rusia, Malasia, Eslovenia y Eslovaquia. ZARA HOME, marca especializada en productos para el hogar y en cosmética, se convierte en el octavo formato comercial de Inditex.

2004
Se abren las primeras tiendas de Inditex en Estonia, Letonia, Lituania, Hungría, Marruecos, Hong-Kong, Rumanía y Panamá.

5

TUS AMIGOS
SON MIS AMIGOS

En esta unidad vamos a
presentar y a describir a una persona

Para ello vamos a aprender:
> a hablar del aspecto y del carácter
> a expresar gustos e intereses
> a preguntar sobre gustos > a contrastar gustos
> a hablar de relaciones personales
> el verbo **gustar** > los posesivos
> las relaciones de parentesco

1. ¿QUIÉN ES?

A. La revista *Aula de música* ha publicado un artículo con información personal sobre un conocido personaje español. En parejas, decidid a qué corresponde cada uno de los 13 datos de abajo.

AULADEMÚSICA

1	Lugar de nacimiento	
2	Año de nacimiento	
3	Nombre	
4	Apellido	
5	Nombre de su madre	
6	Hermanos	
7	Profesión	
8	Título de su primer disco	
9	Color favorito	
10	Deporte preferido	
11	Ciudades preferidas	
12	Escritores favoritos	
13	Comida favorita	

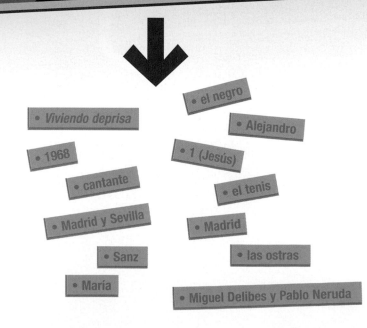

- *Viviendo deprisa*
- *el negro*
- *Alejandro*
- *1968*
- *1 (Jesús)*
- *cantante*
- *el tenis*
- *Madrid y Sevilla*
- *Madrid*
- *Sanz*
- *las ostras*
- *María*
- *Miguel Delibes y Pablo Neruda*

- Cantante es su profesión, ¿no?
- Sí, claro. ¿Y María?

B. Escribe, desordenados, cinco datos sobre ti. Tu compañero tiene que adivinar a qué corresponden.

- ¿Berlín es tu ciudad preferida?
- No.
- ¿Tu lugar de nacimiento?
- ¡Sí!

C. Ahora, cuenta al resto de la clase algo interesante sobre tu compañero.

- El deporte favorito de Carol es el esquí.

2. CONTACTOS

A. En esta página web hay mensajes de estudiantes de idiomas que quieren hacer intercambios en Internet. ¿A qué fotografías crees que corresponden estas tres descripciones?

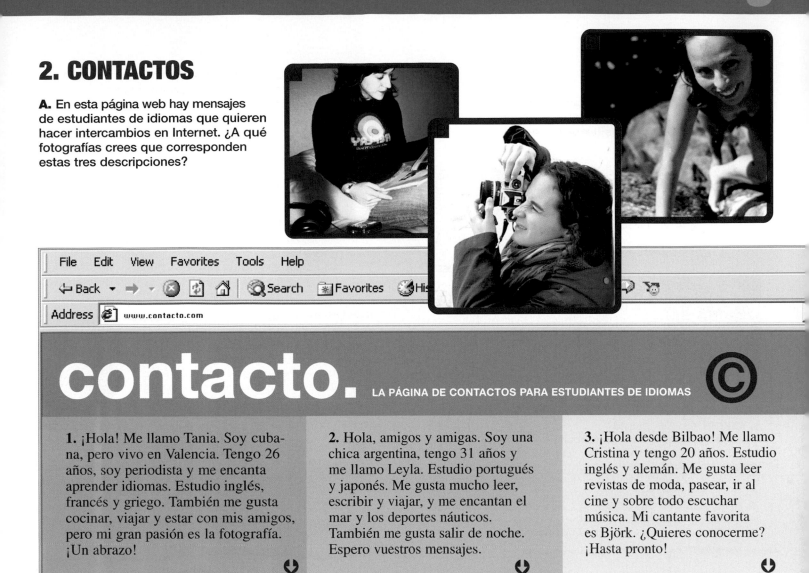

| File | Edit | View | Favorites | Tools | Help |

← Back → ⊗ ⟳ ⌂ | 🔍Search 📑Favorites 🕘His

Address 📄 www.contacto.com

contacto.
LA PÁGINA DE CONTACTOS PARA ESTUDIANTES DE IDIOMAS Ⓒ

1. ¡Hola! Me llamo Tania. Soy cubana, pero vivo en Valencia. Tengo 26 años, soy periodista y me encanta aprender idiomas. Estudio inglés, francés y griego. También me gusta cocinar, viajar y estar con mis amigos, pero mi gran pasión es la fotografía. ¡Un abrazo!

2. Hola, amigos y amigas. Soy una chica argentina, tengo 31 años y me llamo Leyla. Estudio portugués y japonés. Me gusta mucho leer, escribir y viajar, y me encantan el mar y los deportes náuticos. También me gusta salir de noche. Espero vuestros mensajes.

3. ¡Hola desde Bilbao! Me llamo Cristina y tengo 20 años. Estudio inglés y alemán. Me gusta leer revistas de moda, pasear, ir al cine y sobre todo escuchar música. Mi cantante favorita es Björk. ¿Quieres conocerme? ¡Hasta pronto!

B. Las tres chicas han dejado en la página web mensajes de voz en los que hablan un poco más de sí mismas. Escucha lo que dicen. ¿Sabes quién habla en cada caso? Escribe el nombre al lado del número correspondiente.

1 ....

2 ....

3 ....

C. ¿Cómo crees que son estas chicas? Completa el cuadro y, luego, compara tus respuestas con las de un compañero.

TANIA	LEYLA	CRISTINA	■ ■ ■
			Parece muy simpática.
			Parece una persona alegre y divertida.
			Parece bastante inteligente.
			Parece una chica muy interesante.
			Parece un poco antipática.
			Parece una persona bastante agradable.
			Parece una chica un poco cerrada.
			Es una chica muy guapa.

● Leyla es una chica muy guapa, ¿no?
○ Sí, y también parece muy simpática.

3. TIEMPO LIBRE

A. La revista *Aula de música* sale a la calle para preguntar a algunos jóvenes sobre sus gustos musicales. Subraya en los textos las informaciones con las que coincides.

1. ANABEL. 30 años. Valencia
¿Qué tipo de música escuchas normalmente? Me gustan muchos tipos de música, pero últimamente escucho mucha música *New Age*. **¿Dónde escuchas música?** En todas partes: en el coche, en casa, en el trabajo. **¿Tu cantante o grupo favorito?** Enya.

2. MÓNICA. 25 años. Madrid
¿Qué tipo de música escuchas normalmente? De todo. Escucho mucho flamenco, mucha música electrónica… **¿Dónde escuchas música?** En casa, pero también me gusta ir a actuaciones de flamenco. **¿Tu cantante o grupo favorito?** Camarón. También me gustan mucho Niña Pastori, Ketama, Enrique Morente…

3. SERGIO. 38 años. Bogotá
¿Qué tipo de música escuchas normalmente? Clásica y jazz, sobre todo. **¿Dónde escuchas música?** Escucho mucha música en casa. A mi novia también le gusta la música y tenemos muchísimos discos. **¿Y os gusta el mismo tipo de música?** Más o menos. A mi novia le gusta mucho la música soul, a mí me interesan más el jazz y la música clásica.

B. Encierra en un círculo todas las frases en las que aparece **gusta/gustan**, **encanta/encantan** e **interesa/interesan**. ¿Entiendes la diferencia entre las dos formas? Coméntalo con tu profesor.

C. Ahora, completa este cuadro con los pronombres correspondientes.

A mí	….	
A ti	*te*	gusta/n
A él/ella/usted	….	encanta/n
A nosotros/nosotras	*nos*	interesa/n
A vosotros/vosotras	….	
A ellos/ellas/ustedes	*les*	

4. PABLO. 31 años. Guadalajara
¿Qué tipo de música escuchas normalmente? De todo, pero escucho mucho pop rock. **¿En inglés?** Sí, pero también me interesa el rock en español. **¿Tus grupos favoritos?** Me encantan Café Tacuba, Maná y Maldita Vecindad.

5. DAVID. 23 años. Santiago de Chile
¿Qué tipo de música escuchas normalmente? Hip hop sobre todo y algo de pop y de rock. **¿Dónde escuchas música?** En todos lados: en el metro, en casa… **¿Tus cantantes o grupos favoritos?** Tengo muchos: Eminem, Public Enemy, Radiohead…

4. LA FAMILIA DE PACO Y DE LUCÍA

Este es el árbol genealógico de una familia española. Lee las frases y escribe las relaciones que faltan.

- Paco es el **marido** de Lucía.
- Lucía es la **abuela** de Carla y de Daniel.
- Carla es la **hija** de Abel y de Luisa.
- Daniel es el **nieto** de Paco y de Lucía.
- Marta es la **hermana** de Abel.
- Paco es el **padre** de Marta y de Abel.

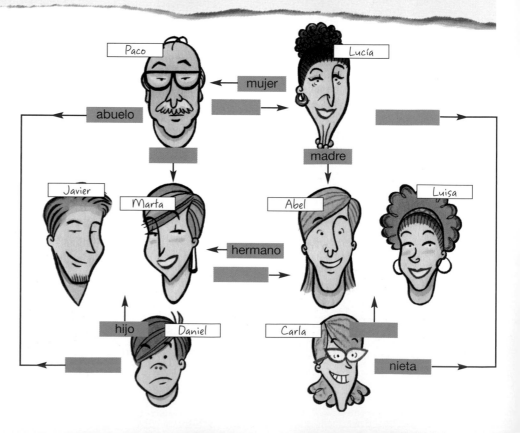

ASPECTO Y CARÁCTER

ASPECTO FÍSICO

Es	(un chico/una chica) (un hombre/una mujer)	**muy** **bastante** **un poco***	guapo/a atractivo/a feo/a

PRIMERAS IMPRESIONES

Parece	(un chico/una chica) (un hombre/una mujer) (una persona**)	**muy** **bastante** **un poco***	divertido/a aburrido/a abierto/a cerrado/a serio/a simpático/a tímido/a majo/a
			interesante inteligente alegre agradable desagradable sociable

! * solo con adjetivos negativos
** ¡Ojo! Decimos: **Parece buena persona.**

- ¿Qué tal la nueva profesora?
- No sé, *parece bastante* maja.

GUSTOS E INTERESES

EL VERBO GUSTAR

(A mí)	**me**		
(A ti)	**te**		
(A él/ella/usted)	**le**	**gusta**	el cine (NOMBRES EN SINGULAR) ir al cine (VERBOS)
(A nosotros/nosotras)	**nos**		
(A vosotros/vosotras)	**os**	**gustan**	las películas de acción (NOMBRES EN PLURAL)
(A ellos/ellas/ustedes)	**les**		

(A mí) **Me encanta**	
(A mí) **Me gusta mucho**	
(A mí) **Me gusta bastante**	el flamenco.
(A mí) **No me gusta mucho**	
(A mí) **No me gusta**	
(A mí) **No me gusta nada**	

PREGUNTAR SOBRE GUSTOS

- **¿Te gusta** el jazz?
- Pues no, no mucho.

- **¿Qué tipo de** música **te gusta (más)?**
- La música electrónica.

- **¿Qué** deporte **te gusta (más)?**
- El baloncesto.

- **¿Cuál** es tu color **favorito/preferido?**
- El verde.

CONTRASTAR GUSTOS

☺ Me encanta el golf. ☹ No me gusta nada el golf.

☺ **A mí también.** ☹ **A mí no.** ☹ **A mí tampoco.** ☺ **A mí sí.**

- ¿Qué hacéis normalmente los viernes por la noche?
- **A mí me** gusta ir al cine, pero **a ella le** encanta quedarse en casa.

- ¿Con quién vas al cine normalmente?
- Con mi marido. **A los dos nos** encanta el cine.

RELACIONES PERSONALES

LOS POSESIVOS

Singular	Plural
mi padre	**mis** hermanos
mi madre	**mis** hermanas
tu padre	**tus** hermanos
tu madre	**tus** hermanas
su padre	**sus** hermanos
su madre	**sus** hermanas

mi amigo Luis	**un** amigo (**mío**)
mi amiga Carla	**una** amiga (**mía**)
	un compañero de trabajo

- Paco y Lucía son **los padres de** Marta y de Abel. (madre + padre = **padres**)
- Marta y Abel son **los hijos de** Paco y de Lucía. (hijo + hija = hij**os**)
- Paco y Lucía son **los abuelos de** Daniel y de Carla. (abuelo + abuela = abuel**os**)
- Marta y Abel son **hermanos.** (hermano + hermana = herman**os**)
- Para personas divorciadas se usa **ex** marido y **ex** mujer.
- Para personas que viven juntas sin estar casadas se usa **compañero/compañera**, o **pareja**. También se usa a veces **novio/novia**, aunque esta palabra no implica que vivan juntos.

5. LA MADRE DE MI MADRE

Mira el vocabulario de la familia que tienes en la actividad 4. Prepara cinco frases sobre tu familia y, luego, léeselas a tu compañero, que tiene que descubrir qué relación tiene contigo.

- Se llama Robert. Es el padre de mi padre.
- Es tu abuelo.

1 ....

2 ....

3 ....

4 ....

5 ....

6. SOY UNA PERSONA BASTANTE TÍMIDA

PORTFOLIO ¿Cómo eres? Usa esta ficha como modelo para hacer, en una hoja suelta, una descripción de ti. Luego, tu profesor recoge las hojas y las reparte. Cada alumno debe adivinar de quién es la descripción que tiene.

Creo que soy una persona muy/bastante/un poco ... y muy/bastante/un poco ... Pero mucha gente piensa que soy ...

En mi tiempo libre me encanta ... Otras cosas que me gusta hacer son ... y ...

No me gusta/n nada ... ni ...

Mi color favorito es el ...

Mi comida favorita es/son ...

Mi deporte favorito es el/la ...

¿QUIÉN SOY?

7. ES UN HOMBRE DE UNOS 45 AÑOS

Prepara una descripción de un personaje famoso, real o de ficción, o de un alumno de la clase. Luego, lee la descripción a tus compañeros, que tienen que adivinar de quién se trata. Pueden hacer preguntas.

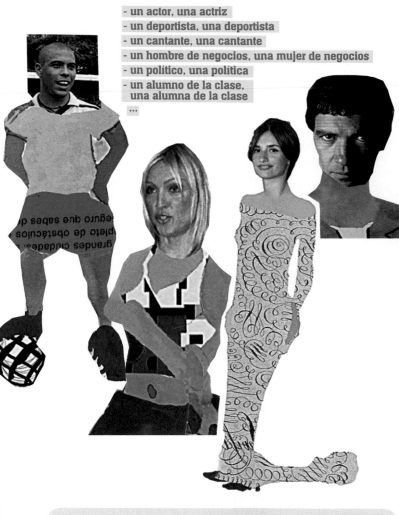

- un actor, una actriz
- un deportista, una deportista
- un cantante, una cantante
- un hombre de negocios, una mujer de negocios
- un político, una política
- un alumno de la clase, una alumna de la clase
- ...

| un **niño** | un **chico** | un **hombre/señor** | un **señor mayor** |
| una **niña** | una **chica** | una **mujer/señora** | una **señora mayor** |

Tiene 20 años.
Tiene unos 40 años. = Tiene aproximadamente 40 años.

- Es un hombre de unos 45 años. Es muy guapo y es español. Parece una persona muy simpática. Es actor. Hace películas de amor, comedias...
- ¿Su mujer es norteamericana y también es actriz?
- Sí.
- ¿Antonio Banderas?

8. YO QUIERO CONOCER AL AMIGO DE ANNE

A. ¿Quieres traer a un familiar o a un amigo a clase para que aprenda un poco de español? Prepara una descripción de la persona elegida: su nombre, su relación contigo, su edad, su ocupación, sus gustos, su carácter, etc.

Persona elegida . . . .

Relación conmigo . . . .

Ocupación . . . .

Edad . . . .

Aspecto físico . . . .
. . . .
. . . .

Carácter . . . .
. . . .
. . . .
. . . .

Cualidades . . . .
. . . .
. . . .

Gustos y aficiones . . . .
. . . .
. . . .
. . . .

B. Describe ahora a esa persona al resto de la clase. Tus compañeros tienen que escuchar atentamente para poder elegir, entre todos los invitados, a uno de ellos. También pueden hacer preguntas. Podéis grabarlo para evaluar vuestra producción oral.

- Mi invitado se llama Sam, es mi hermano. Tiene 29 años y es informático. Es un chico muy simpático y muy divertido: le gusta mucho bailar, ir a la playa y conocer a gente nueva. Y es muy deportista: juega al fútbol y...
- ¿Es guapo?
- Sí, muy guapo.
- ¿Le gusta el cine?
  ...

C. Ahora, cada estudiante debe explicar a qué invitado quiere conocer. ¿Coincidís algunos de vosotros?

- Yo quiero conocer al hermano de Luciana, Sam, porque a los dos nos gusta ir a la playa, bailar...

sónar

www.sonar.es

Tres días y tres noches del mes de junio en Barcelona para estar en contacto con las últimas tendencias y los artistas más relevantes del panorama nacional e internacional. DJs, conciertos, cine y trabajos en todos los formatos multimedia: instalaciones, arte en la red, diseño, etc. Sónar es una cita imprescindible para públicos despiertos, artistas de última generación y para los profesionales y las empresas más influyentes del sector de la música y del arte electrónicos.

9. A MÍ ME INTERESA EL FESTIVAL DE JAZZ

A. En España se celebran cada año muchos festivales de música. Aquí tienes tres de ellos. ¿Cuándo se celebran? ¿En qué ciudades? ¿Sabes dónde están?

B. ¿Cuál de ellos te interesa más? ¿Por qué? Busca en tu clase a dos compañeros a los que les interese el mismo festival.

FESTIVAL DE JAZZ DE SAN SEBASTIÁN

El Festival de Jazz de San Sebastián se celebra el mes de julio. Su programa es un verdadero "Quién es Quién" del mundo del jazz, y cuenta siempre con la presencia de grandes figuras históricas y de músicos que influyen decisivamente en la formación del jazz contemporáneo. Entre las estrellas que han pasado por este festival, destacan nombres míticos como Miles Davis, Chick Corea, Dexter Gordon, Ella Fitzgerald, Dizzy Gillespie, Charles Mingus o Sarah Vaughan.

www.jazzaldia.com

Bienal de flamenco

www.bienalflamenco.org

La Bienal de Flamenco de Sevilla es un impresionante festival que, cada dos años, programa casi 100 actuaciones de cante, baile y guitarra. Dura casi todo el mes de septiembre y suele acoger estrenos mundiales y actuaciones de grandes estrellas del flamenco como Sara Baras, Antonio Canales, Tomatito, Manolo Sanlúcar o Vicente Amigo. Entre las actividades complementarias destacan "A palo seco", ciclo de conciertos sin micrófono, la "Semana del cine flamenco" y "La Bienal va por barrios", que programa conciertos en numerosos barrios de la ciudad.

6

DÍA A DÍA

En esta unidad vamos a

conocer los hábitos de nuestros compañeros

Para ello vamos a aprender:

> a hablar de hábitos
> a expresar frecuencia
> el Presente de Indicativo de algunos verbos irregulares
> los verbos reflexivos > **Yo también/Yo tampoco/Yo sí/Yo no**
> **Primero/Después/Luego** > la hora
> los días de la semana > las partes del día

1. ¿CUIDAS TU IMAGEN?

A. ¿Crees que cuidas tu imagen? Responde a este test que ha publicado una revista española.

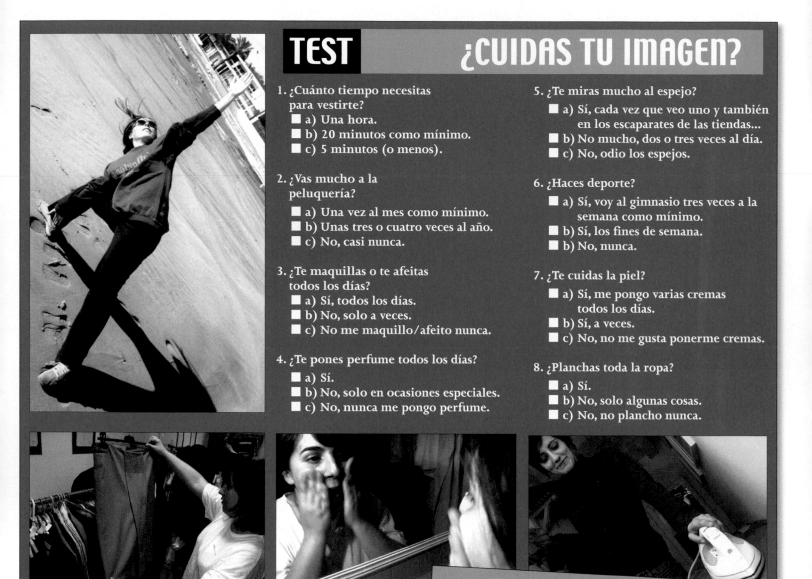

TEST · ¿CUIDAS TU IMAGEN?

1. ¿Cuánto tiempo necesitas para vestirte?
   - ☐ a) Una hora.
   - ☐ b) 20 minutos como mínimo.
   - ☐ c) 5 minutos (o menos).

2. ¿Vas mucho a la peluquería?
   - ☐ a) Una vez al mes como mínimo.
   - ☐ b) Unas tres o cuatro veces al año.
   - ☐ c) No, casi nunca.

3. ¿Te maquillas o te afeitas todos los días?
   - ☐ a) Sí, todos los días.
   - ☐ b) No, solo a veces.
   - ☐ c) No me maquillo/afeito nunca.

4. ¿Te pones perfume todos los días?
   - ☐ a) Sí.
   - ☐ b) No, solo en ocasiones especiales.
   - ☐ c) No, nunca me pongo perfume.

5. ¿Te miras mucho al espejo?
   - ☐ a) Sí, cada vez que veo uno y también en los escaparates de las tiendas...
   - ☐ b) No mucho, dos o tres veces al día.
   - ☐ c) No, odio los espejos.

6. ¿Haces deporte?
   - ☐ a) Sí, voy al gimnasio tres veces a la semana como mínimo.
   - ☐ b) Sí, los fines de semana.
   - ☐ b) No, nunca.

7. ¿Te cuidas la piel?
   - ☐ a) Sí, me pongo varias cremas todos los días.
   - ☐ b) Sí, a veces.
   - ☐ c) No, no me gusta ponerme cremas.

8. ¿Planchas toda la ropa?
   - ☐ a) Sí.
   - ☐ b) No, solo algunas cosas.
   - ☐ c) No, no plancho nunca.

¿CUIDAS TU IMAGEN?

Resultados del Test

Mayoría de respuestas A
Eres una persona presumida. La imagen es muy importante para ti y te gusta tener muy buen aspecto.

Mayoría de respuestas B
Te gusta tener un buen aspecto, pero eso para ti no es lo más importante.

Mayoría de respuestas C
¡Eres un desastre! No cuidas nada tu imagen.

B. Ahora, cuenta tus respuestas y mira los resultados. ¿Estás de acuerdo? Luego, en pequeños grupos, comparad vuestras respuestas. ¿Quién es el que más cuida su imagen?

Número de respuestas A   ....

Número de respuestas B   ....

Número de respuestas C   ....

2. ANIMALES

A. Aquí tienes una serie de curiosidades sobre algunos animales. Escribe el nombre de cada animal en el texto correspondiente y, luego, completa la ficha de abajo.

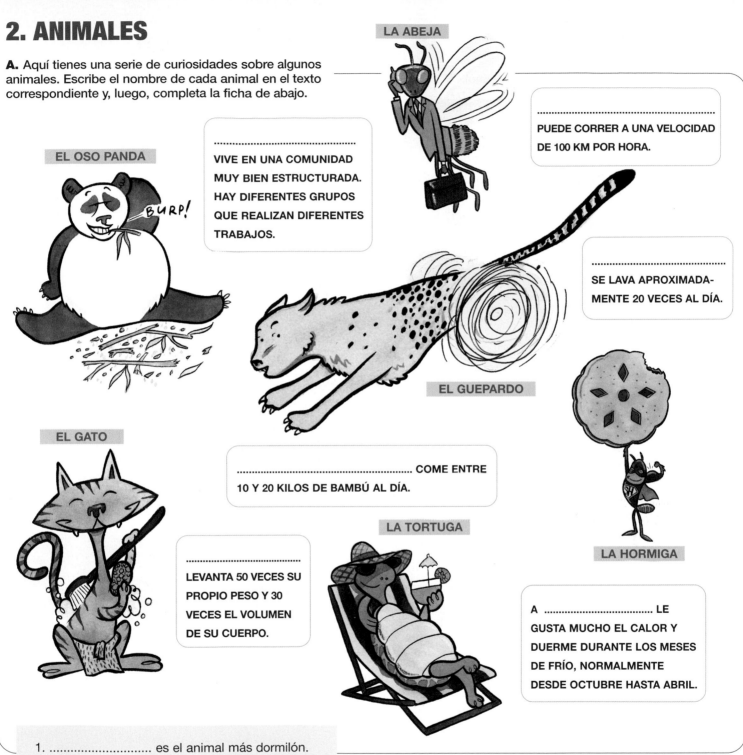

LA ABEJA

....
PUEDE CORRER A UNA VELOCIDAD
DE 100 KM POR HORA.

EL OSO PANDA

....
VIVE EN UNA COMUNIDAD
MUY BIEN ESTRUCTURADA.
HAY DIFERENTES GRUPOS
QUE REALIZAN DIFERENTES
TRABAJOS.

BURP!

....
SE LAVA APROXIMADA-
MENTE 20 VECES AL DÍA.

EL GUEPARDO

EL GATO

.... COME ENTRE
10 Y 20 KILOS DE BAMBÚ AL DÍA.

LA HORMIGA

LA TORTUGA

....
LEVANTA 50 VECES SU
PROPIO PESO Y 30
VECES EL VOLUMEN
DE SU CUERPO.

A .... LE
GUSTA MUCHO EL CALOR Y
DUERME DURANTE LOS MESES
DE FRÍO, NORMALMENTE
DESDE OCTUBRE HASTA ABRIL.

1. .... es el animal más dormilón.

2. .... es el animal más limpio.

3. .... es el animal más rápido.

4. .... es el animal más comilón.

5. .... es el animal más organizado.

6. .... es el animal más fuerte.

B. ¿Y tú? ¿Cómo eres? Coméntalo con un compañero.

Yo soy el/la más...	**de** mi familia.
	de mi trabajo.
	de mis amigos.
	de la clase.

3. ¿QUÉ HORA ES?

A. Observa cómo se dice la hora en español.

La una y diez.

Las nueve menos veinte.

Las doce y cuarto.

Las nueve menos cuarto.

Las ocho y media.

Las doce en punto.

B. ¿Puedes escribir estas horas?

A. 12:30 ....
B. 18:20 ....
C. 20:55 ....
D. 17:15 ....
E. 19:45 ....
F. 15:25 ....

C. Ahora, escucha la grabación y señala en qué orden oyes las horas del apartado anterior. Fíjate, además, en las diferentes maneras de preguntar la hora.

4. UN DÍA NORMAL

A. ¿Cómo es un día normal para un profesor de enseñanza primaria de tu país? En parejas, completad el cuadro con las horas a las que creéis que hace estas cosas.

Se levanta a las…

Empieza a trabajar a las…

Come a las…

Sale del trabajo a las...

Cena a las…

Se acuesta a las…

● Yo creo que se levanta a las ocho y media…

B. Ahora, escucha a Merche, una profesora española, contando cómo es un día normal en su vida. Luego, compara su horario con el de un profesor de tu país. ¿Se parecen?

C. En español, algunos verbos se construyen con los pronombres **me/te/se/nos/os/se** (como **levantarse**). Se llaman verbos reflexivos. ¿Puedes encontrar otro verbo reflexivo en el apartado A? ¿Y en las páginas anteriores? Haz una lista en tu cuaderno con todos los que encuentres.

5. TODOS LOS DÍAS

A. Pedro es una persona un poco maniática y necesita anotar todo lo que hace. ¿Con qué frecuencia hace estas actividades? Completa las frases.

ir al teatro   ir a clases de inglés
hacer deporte   hacer yoga   salir con Fernando
cenar con amigos   comer con la familia

Todos los días ....
Una vez a la semana ....
Dos veces a la semana ....
Los domingos ....
Normalmente, los viernes, ...
A veces ....
A menudo ....

B. ¿Tienes algo en común con Pedro? Escríbelo.

Yo también hago deporte todos los días.

Lunes	Martes	Miércoles	Jueves	Viernes	Sábado	Domingo
GIMNASIO INGLÉS	FÚTBOL FERNANDO	GIMNASIO INGLÉS	FÚTBOL YOGA	GIMNASIO CENA CON CARMEN Y ROSA	TENIS FERNANDO	COMIDA EN CASA DE LA ABUELA
GIMNASIO INGLÉS	FÚTBOL	GIMNASIO INGLÉS FERNANDO	FÚTBOL YOGA	GIMNASIO "LA CELESTINA" TEATRO NACIONAL	TENIS	COMIDA EN CASA DE LA ABUELA
GIMNASIO INGLÉS	FÚTBOL	GIMNASIO INGLÉS	FÚTBOL YOGA	GIMNASIO CENA CON JUAN Y MARÍA	TENIS FERNANDO	COMIDA EN CASA DE LA ABUELA
GIMNASIO INGLÉS	FÚTBOL	GIMNASIO INGLÉS FERNANDO	FÚTBOL YOGA FERNANDO	GIMNASIO CENA CON CARMEN	TENIS	COMIDA EN CASA DE LA ABUELA

VERBOS REFLEXIVOS

	levantarse
(yo)	**me** levanto
(tú)	**te** levantas
(él/ella/usted)	**se** levanta
(nosotros/nosotras)	**nos** levantamos
(vosotros/vosotras)	**os** levantáis
(ellos/ellas/ustedes)	**se** levantan

Otros verbos: **despertarse, acostarse, vestirse, ducharse...**

LOS DÍAS DE LA SEMANA

**lunes / martes / miércoles / jueves / viernes
sábado / domingo ➡ fin de semana**

- ● *¿Sabes qué día es hoy?*
- ○ *¿Hoy? (Ø) Lunes.*

- ● *¿Cuándo llegas?*
- ○ ***El*** *viernes a las siete de la tarde.*

- ● *¿Qué haces* **los** *domingos?*
- ○ *Normalmente me levanto tarde y como con mi familia.*

LA HORA

- ● *¿Qué hora es?* / *¿Tienes/Tiene hora?*
- ○ **La** una **en punto**.
  Las dos **y** diez.
  Las cuatro **y cuarto**.
  Las seis **y media**.
  Las ocho **menos** veinte.
  Las diez **menos cuarto**.

- ● *¿A qué hora* llega el avión?
- ○ **A las** seis **de la mañana**. (06.00)
  A las doce **del mediodía**. (12.00)
  A las seis y media **de la tarde**. (18.30)*
  A las diez **de la noche**. (22.00)*

! * En los servicios públicos se utilizan también las formas: a las **dieciocho treinta,** a las **veintidós...**

SITUAR EN EL DÍA

Por la mañana	**Por la tarde**
A/Al mediodía	**Por la noche**

- ● ***Por la mañana*** *voy a la universidad y,* ***por la tarde****, trabajo en un bar.*

SECUENCIAR ACCIONES

Primero, ...   Después, ...   Luego, ...

- ● *Yo,* ***primero****, voy al baño y* ***después*** *me ducho.* ***Luego****, me visto...*

EXPRESAR FRECUENCIA

Todos los días / **Todos los** sábados / **Todos los** meses...
Todas las tardes / **Todas las** semanas...

Una vez a la semana / Una vez al mes...
Dos veces a la semana / Dos veces al mes...

Los viernes / Los sábados / Los domingos...

**Normalmente
A menudo
A veces**

**(Casi) siempre
(Casi) nunca**

- ● *Yo voy al gimnasio* ***tres veces a la semana****.*
- ○ *Pues yo no voy* ***casi nunca****.*

YO TAMBIÉN / TAMPOCO, YO SÍ / NO

- ● Yo siempre me acuesto antes de las once.
- ○ **Yo también**.
- ■ **Yo no**. Yo normalmente me acuesto a la una o a las dos.

- ● Yo nunca me levanto pronto los domingos.
- ○ **Yo tampoco**.
- ■ **Yo sí**. Yo normalmente me levanto a las ocho o a las nueve.

VERBOS IRREGULARES EN PRESENTE

O - UE	E - IE	E - I	1ª persona del singular (**yo**)
poder	**empezar**	**vestirse**	**hacer**
p**ue**do	emp**ie**zo	me v**i**sto	ha**g**o
p**ue**des	emp**ie**zas	te v**i**stes	haces
p**ue**de	emp**ie**za	se v**i**ste	hace
podemos	empezamos	nos vestimos	hacemos
podéis	empezáis	os vestís	hacéis
p**ue**den	emp**ie**zan	se v**i**sten	hacen
dormir	**preferir**	**pedir**	**poner** (pongo)
acostarse	**despertarse**	**servir**	**salir** (salgo)

6. HORARIOS DE TRABAJO

A. Lee este artículo sobre los horarios de trabajo que tienen estas tres mujeres. ¿A quién crees que corresponde cada respuesta?

VIDA Y PROFESIONES

trabajoyhorarios

¿Cuál es tu horario de trabajo?

A. Eso depende del turno. Cuando trabajo de día, me levanto pronto, a las 7h más o menos. Empiezo a trabajar a las 8h y, normalmente, vuelvo a casa a las 6h de la tarde. A las 3h paro un rato para comer algo. Si trabajo de noche, salgo sobre las 10h. Estos días llego a casa a las 7h de la mañana aproximadamente. Me acuesto siempre a una hora diferente. Por suerte, los domingos no trabajo. ¡Es mi único día de descanso!

B. Depende. Algunos días trabajo muchas horas y otros, casi no trabajo. Eso sí, siempre me levanto tarde, a las 10h o a las 11h. Después, voy a desayunar y luego doy un paseo. A mediodía vuelvo a casa, como algo y veo la tele un rato. Luego bajo a la calle y empiezo a trabajar. A veces trabajo hasta las 9h o las 10h de la noche. Cuando acabo, voy a casa, preparo la cena y leo un poco. Me acuesto a la 1h o a las 2h más o menos.

C. En general duermo muy poco. Me levanto a las 8.30h o a las 9h menos cuarto. Las clases empiezan a las 9h y muchas veces llego tarde. A mediodía, normalmente como con mis compañeros de clase en el bar de la facultad y a las 3h volvemos a clase. Terminamos a las 5h o a las 6h. Después voy a la biblioteca, pero no todos los días. Por la noche me gusta salir con mis amigos y, claro, nunca me acuesto antes de la 1h.

2. Berta Rodrigo / 38 años / taxista

1. Natalia Aparicio / 20 años / estudiante

3. Felisa Alcázar / 51 años / pintora

B. Ahora, escucha a Juanjo. ¿Con cuál de ellas crees que vive?

C. ¿Con cuál de las tres coincides más en los horarios? Escribe tres frases como mínimo.

> Yo también me acuesto tarde, como Natalia y Felisa.

D. Busca a una persona de la clase que hace tres cosas a la misma hora que tú.

> ● ¿A qué hora te levantas?
> ○ A las ocho.
> ● Yo también.

7. PRIMERO, DESPUÉS, LUEGO

A. ¿En qué orden haces estas cosas por la mañana? Márcalo y, luego, coméntalo con un compañero.

- ☐ desayunar
- ☐ ir al baño
- ☐ hacer la cama
- ☐ salir de casa
- ☐ lavarte los dientes
- ☐ vestirte
- ☐ maquillarte/afeitarte
- ☐ ducharte

B. Ahora, informa a la clase de las diferencias que te parecen curiosas.

- ● Yo, primero, voy al baño y después me lavo los dientes. Luego…
- ○ Pues yo, primero desayuno…

C. ¿Y los fines de semana? ¿Haces lo mismo?

8. YO TAMBIÉN

A. Estas frases son ejemplos de cosas que hacen algunos estudiantes para mejorar su nivel de español. ¿Y tú? ¿Haces lo mismo? Reacciona. Luego, compara tus respuestas con las de un compañero.

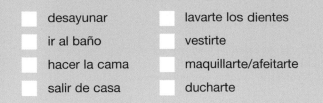

Yo también
Yo tampoco
Yo sí
Yo no

1. Nunca llego tarde a las clases de español.

....

2. Yo leo revistas y periódicos en español.

....

3. Yo practico con amigos españoles.

....

4. Yo voy mucho al cine y veo muchas películas españolas, argentinas, mexicanas…

....

5. Hago los deberes todos los días.

....

6. No siempre busco en el diccionario todas las palabras que no entiendo.

....

7. Yo veo bastantes programas de televisión en español.

....

8. Escucho muchos programas de radio en español.

....

B. ¿Haces otras cosas para mejorar tu español?

9. PREMIOS

A. Vamos a trabajar en parejas. Cada pareja va a entregar uno de los siguientes premios a una persona de la clase. Primero, tenéis que decidir qué premio queréis dar y, luego, preparar un cuestionario para decidir a quién se lo dais.

PREMIO AL MÁS DORMILÓN

PREMIO AL MÁS TRABAJADOR

PREMIO AL MÁS VAGO

PREMIO AL MÁS SANO

PREMIO AL MÁS INTELECTUAL

PREMIO AL MÁS JUERGUISTA

PREMIO AL MÁS DEPORTISTA

B. Podéis hacer las preguntas a los compañeros. Después, según sus respuestas, tenéis que decidir a quién dais el premio.

- ● ¿Cuántas horas duermes normalmente?
- ○ Siete u ocho.
- ● ¿Y a qué hora te levantas?

PREMIO AL MÁS DORMILÓN	Nombre: Paolo	Nombre: Brigitte	Nombre: Damon
¿Cuántas horas duermes normalmente?	Siete u ocho.	Unas nueve.	Seis o siete.
¿A qué hora te levantas?	A las 7.	A las 10 más o menos.	A las 11.
¿A qué hora te acuestas?	A las 11 o a las 12.	A la 1.	A las 4 o a las 5.
¿Duermes la siesta?	No, nunca.	Sí, todos los días.	A veces.

C. Ahora, entregad el premio.

- ● Nosotros entregamos el premio al más dormilón a… ¡Antonio!

VIAJAR

10. ESTADÍSTICAS

A. Lee esta encuesta sobre la frecuencia con la que los españoles realizan una serie de actividades culturales. ¿Crees que es igual en tu país?

ESTUDIO SOBRE EL CONSUMO CULTURAL DE LOS ESPAÑOLES

% TODOS O CASI TODOS LOS DÍAS	
VER LA TELEVISIÓN	87%
ESCUCHAR LA RADIO (NO MÚSICA)	49%
ESCUCHAR MÚSICA	42%
LEER PERIÓDICOS	32%
LEER LIBROS	17%
LEER REVISTAS	4%

% AL MENOS UNA VEZ AL MES	
IR AL CINE	28%
HACER CONSULTAS EN BIBLIOTECAS	12%
VISITAR MUSEOS, EXPOSICIONES, MONUMENTOS HISTÓRICOS O ARTÍSTICOS...	7%
ASISTIR A CONFERENCIAS, MESAS REDONDAS...	5%
IR AL TEATRO	3%
ASISTIR A CONCIERTOS DE MÚSICA CLÁSICA, ÓPERA, ZARZUELA...	2%
ASISTIR A CONCIERTOS DE MÚSICA MODERNA	2%

(FUENTE: CIS)

B. ¿Y tú? ¿Con qué frecuencia haces normalmente las actividades anteriores? Coméntalo con un compañero.

- Yo solo veo la televisión los fines de semana.
- Pues yo casi todos los días.

11. CUANDO ME LEVANTO

Escucha esta canción. ¿Puedes relacionar cada estrofa con la ilustración correspondiente?

CUANDO ME LEVANTO Kiko Veneno

☐ Cuando me levanto por la mañana
miro por la ventana
y me entran ganas de pensar.

☐ Pongo la cafetera mientras me afeito
el café se quema y mi cabeza
también se quema de tanto pensar.

☐ Cómo es el mundo,
por qué somos así,
por qué es tan difícil
simplemente vivir.

☐ Las vueltas y más vueltas
que da este mundo
que no se cansa de tantas vueltas
quién las puede controlar.

☐ Este grillo marino que llevo dentro
de la cabeza nunca se para
nunca me para de recordar.

☐ Dime algo, no me digas nada
el mar todo lo borra
el mar todo lo ama.

☐ Hoy empieza todo, tú y yo solos
contra el mundo dentro del mundo
y en un segundo la eternidad.

56

7

¡A COMER!

En esta unidad vamos a
escribir un menú del día

Para ello vamos a aprender:

> a desenvolvernos en restaurantes
> a pedir y a dar información sobre comida
> la forma impersonal con **se**
> los verbos **poner** y **traer**
> hábitos gastronómicos de los españoles
> platos típicos del mundo hispano

1. BOCADILLOS

A. Aquí tienes la carta de "El bocata", un establecimiento de comida rápida especializado en bocadillos. ¿Conoces todos los ingredientes y productos que aparecen en la carta? En parejas, intentad clasificarlos en el cuadro de la página de la derecha.

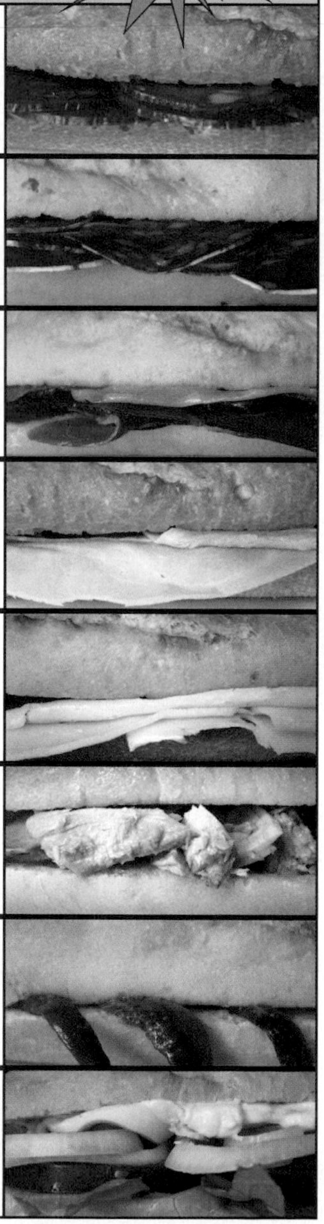

¡ELIGE TU BOCATA PREFERIDO!

EL BOCATA
ESPECIALIDAD EN BOCADILLOS

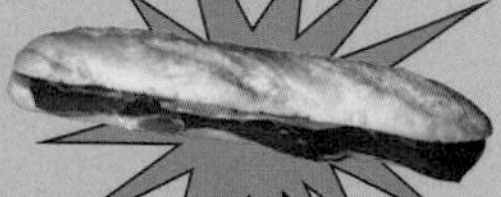

BOCADILLOS FRÍOS

chorizo	2,85 €
salchichón	2,85 €
jamón serrano	3,75 €
jamón york	2,85 €
queso	3,25 €
atún	3,25 €
anchoas	2,85 €
vegetal (lechuga, queso, tomate, huevo duro, cebolla)	3,75 €

BOCADILLOS CALIENTES

tortilla francesa	3,00 €
tortilla de patatas	3,25 €
bacon	3,00 €
hamburguesa	3,00 €
lomo	3,50 €
calamares	3,75 €
mixto (jamón york y queso caliente)	3,75 €
salchicha de frankfurt	3,00 €

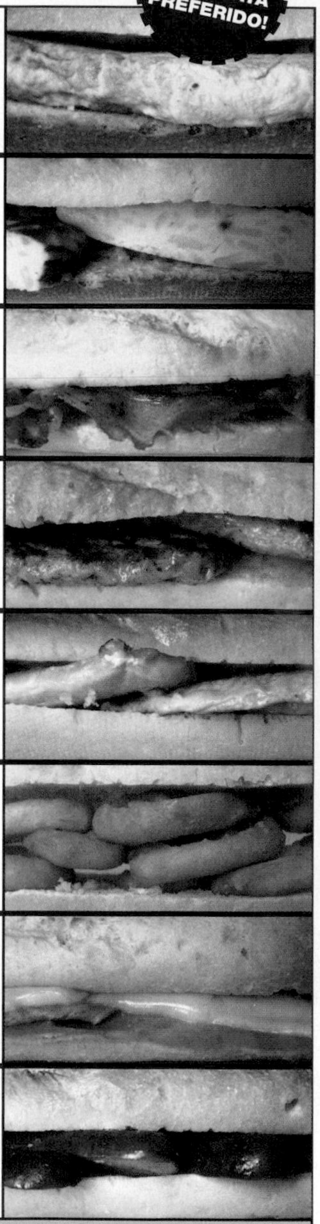

TODOS NUESTROS BOCADILLOS PUEDEN PEDIRSE CON MAYONESA, MOSTAZA O KETCHUP.

- ¿Chorizo es un embutido?
- Sí, creo que sí. Y la tortilla francesa, ¿qué lleva?
- Solo huevos.

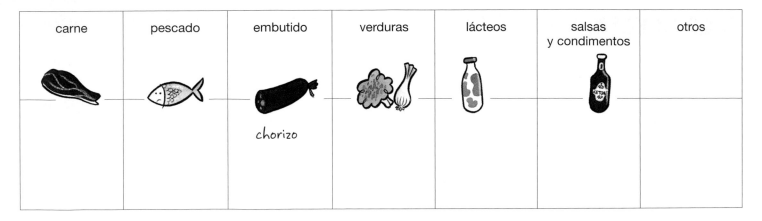

carne	pescado	embutido	verduras	lácteos	salsas y condimentos	otros
		chorizo				

B. Imaginad que estáis en "El bocata". Uno de vosotros es el camarero y los demás son clientes. ¿Qué bocadillo quieres probar?

● Hola, ¿qué desea?
○ Un bocadillo de lomo, por favor.
● ¿Alguna salsa?
○ No, gracias.
● ¿Y usted?
■ Yo…

C. Los españoles hacen bocadillos de todo. Tú también puedes hacer tu propio bocadillo. Ponle un nombre. ¿Qué ingredientes lleva? Explícaselo a tus compañeros.

MI BOCADILLO
nombre ....
ingredientes ....
....

● Mi bocadillo lleva atún, cebolla y mayonesa.
○ ¿Y cómo se llama?

~ Casa Paco ~

Menú del día

PRIMEROS
Sopa del día
Ensalada mixta
Macarrones gratinados

* * * * * * * * *

SEGUNDOS
Pollo asado con patatas
Calamares a la romana con ensalada
Lomo a la plancha con pimientos

* * * * * * * * *

POSTRES
Flan
Yogur
Melón

Pan, agua o vino

9,95 euros sin IVA

(Menú de lunes a viernes)

2. DE PRIMERO, ¿QUÉ DESEAN?

A. Es la hora de la comida en "Casa Paco", un restaurante típico español. El camarero toma nota a dos clientes. Marca en la carta lo que piden.

B. Aquí tienes otros platos de "Casa Paco". ¿En qué parte del menú puedes encontrarlos: como primeros, como segundos o como postres? Algunos pueden ser primeros o segundos. Coméntalo con tu compañero.

Arroz con leche
Paella
Merluza a la romana
Gazpacho
Canelones
Bistec con patatas
Helado

Lentejas
Sardinas a la plancha
Verdura con patatas
Tortilla de patatas
Arroz a la cubana
Huevos fritos con patatas
Fruta

● El arroz con leche es un primero, ¿no?
○ No, es un postre.

3. LA CUENTA, POR FAVOR

A. Lee estos fragmentos de diálogos. ¿Quién crees que dice cada frase: el camarero (A) o el cliente (B)? Márcalo.

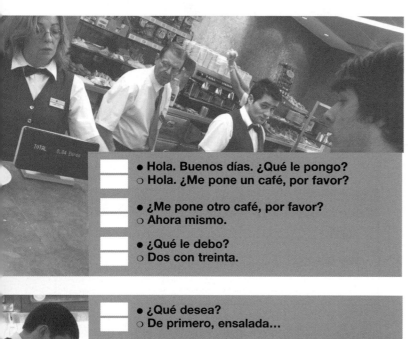

- Hola. Buenos días. ¿Qué le pongo?
- Hola. ¿Me pone un café, por favor?

- ¿Me pone otro café, por favor?
- Ahora mismo.

- ¿Qué le debo?
- Dos con treinta.

- ¿Qué desea?
- De primero, ensalada...

- ¿Y de segundo?
- De segundo, merluza.

- ¿Para beber?
- Una agua sin gas.

- Perdone, ¿me puede traer un poco de pan?
- Claro, enseguida.
- Gracias.

- Perdone, ¿me trae la cuenta, por favor?

- Perdone, ¿la sopa de qué es?
- De pollo. Lleva verduras, fideos y pollo.

- Perdone, ¿tienen gazpacho?
- No, lo siento, solo en verano.

B. Imagina que estás en un restaurante. Completa las intervenciones.

1. • De primero, ...

2. • ...., ... con patatas.

3. • Perdone, ¿tienen ....?

4. • ¿Me puede traer ....?

4. SITUACIONES DIFERENTES

A. Aquí tienes dos diálogos muy parecidos pero en dos situaciones diferentes. Subraya las diferencias que encuentres.

1
- ¿Quiere cenar, señora?
- No, gracias, más tarde.
- ¿Y para beber? ¿Desea algo?
- Sí, un zumo, por favor.

2
- ¿Quieres cenar, cariño?
- No, más tarde. No tengo hambre.
- ¿Y para beber? ¿Quieres algo?
- Sí, un zumo, venga.

B. ¿Qué tipo de diferencias has encontrado? ¿A qué crees que se deben?

5. VERBOS TERMINADOS EN -ER

A. Subraya los verbos de estas frases. ¿A qué Infinitivo corresponden? Escríbelo en la caja.

Los martes siempre hago macarrones.

Como casi todos los días en un restaurante.

¿Qué le pongo?

Ahora le traigo el pan.

No, no bebo vino.

hago ➡ hacer
....
....
....
....

B. Algunas de estas formas son irregulares. ¿Cuáles?

PRESENTE DE INDICATIVO: VERBOS PONER Y TRAER

	poner	traer
(yo)	pongo	traigo
(tú)	pones	traes
(él/ella/usted)	pone	trae
(nosotros/nosotras)	ponemos	traemos
(vosotros/vosotras)	ponéis	traéis
(ellos/ellas/ustedes)	ponen	traen

● ¿Qué le *pongo*?
○ *Un café y un cruasán.*

● ¿Me *trae* la carta, por favor?
○ *Sí, ahora mismo.*

GENERALIZAR: LA FORMA IMPERSONAL CON SE

se + 3ª persona del singular
En mi casa **se** cen**a** a las nueve y media.
(= En mi casa cenamos a las nueve y media.

se + 3ª persona del singular + sustantivo en singular
En España **se** com**e** much**o** pescad**o**.
(= Los españoles comen mucho pescado.)

se + 3ª persona del plural + sustantivo en plural
En Venezuela **se** bebe**n** muchos zumo**s**.
(= Los venezolanos beben muchos zumos.)

BARES Y RESTAURANTES

CAMAREROS	CLIENTES
Para preguntar qué quiere el cliente	Para pedir en un restaurante
¿Qué desea/n? **¿Qué le/les pongo?**	**De primero (quiero)** sopa, y **de segundo**, pollo al horno.
¿Para beber?	**(Para beber)**, una cerveza, por favor.
Para ofrecer	Para preguntar por los platos de un menú
¿Alguna cosa de postre? **¿Algún** café/licor?	**¿Qué hay/tienen de** primero/segundo/postre?
	Para pedir algo más
	Perdone, ¿me pone otra agua? **Perdone, ¿me trae un poco más de** pan?
	Para pagar en un bar
	¿Cuánto es? / ¿Qué le debo?
	Para pagar en un restaurante
	La cuenta, por favor.

Normalmente, en establecimientos públicos, se utilizan las formas verbales correspondientes a **usted** o **ustedes**.

● *¿Qué desea?*
○ *¿Tienen cerveza sin alcohol?*

PEDIR Y DAR INFORMACIÓN SOBRE COMIDA

● **¿Qué es** "merluza"?
○ Un pescado.

● ¿La merluza **es** carne **o** pescado?
○ Pescado.

● El gazpacho, **¿qué lleva?**
○ (Pues **lleva**) tomate, pepino, pimiento, ajo, cebolla, agua, aceite, sal, vinagre y pan.

● ¿La sangría **lleva** naranja?
○ Sí, un poco.

MANERAS DE COCINAR

frito/a/os/as	al horno
guisado/a/os/as	a la plancha
cocido/a/os/as	al vapor
asado/a/os/as	
crudo/a/os/as	

● *El pescado, ¿cómo está hecho?*
○ *A la plancha.*

ACOMPAÑAMIENTO

con   patatas / arroz / ensalada / verduras...

● *¿El pollo va con acompañamiento?*
○ *Sí, con ensalada o con patatas.*

LAS COMIDAS DEL DÍA

el desayuno	la comida el almuerzo	la merienda	la cena

Los verbos: **desayunar**, **comer/almorzar**, **merendar** y **cenar**.

● *¿Qué desayunas normalmente?*
○ *Un zumo y unas tostadas.*

¿A qué hora es la cena?

A las nueve y media... No, mejor a las diez y media.

6. PESCADO FRESCO

A. España es el segundo país del mundo en consumo de pescado. Los españoles comen pescado de maneras muy diferentes. ¿Y en tu casa? ¿Se come mucho pescado? ¿De qué maneras? Coméntalo con un compañero.

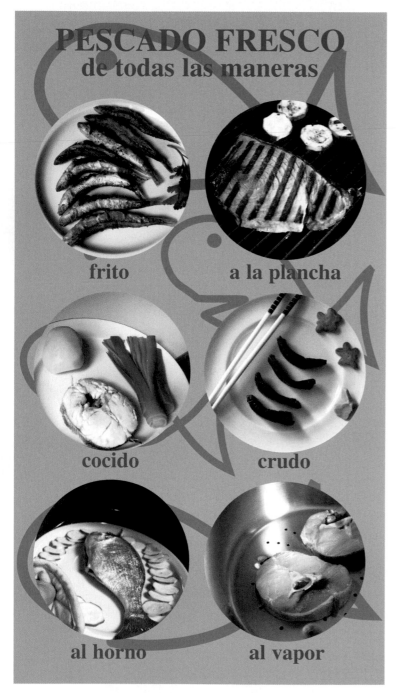

PESCADO FRESCO
de todas las maneras

frito

a la plancha

cocido

crudo

al horno

al vapor

● En mi casa no se come mucho pescado, pero normalmente se come frito.
○ Pues en mi casa normalmente se come crudo. Nos gusta mucho la comida japonesa.

B. Ahora, piensa en cómo comes estas cosas normalmente. Escríbelo en el cuadro y, luego, coméntalo con tu compañero.

pollo	carne	huevos	patatas

El pollo **lo** como...
La carne **la** como...
Los huevos **los** como...
Las patatas **las** como...

frito/a/os/as
guisado/a/os/as
cocido/a/os/as
asado/a/os/as
crudo/a/os/as

al horno
a la plancha
al vapor

● Yo no como carne. No me gusta.
○ Yo, la carne, normalmente la como a la plancha.

7. ¿CÓMO TOMAS EL CAFÉ?

A. Todos tenemos gustos diferentes cuando tomamos bebidas. Pregunta a un compañero cómo toma las siguientes bebidas.

el café	(muy) caliente
el té	(muy) frío/a
la leche	del tiempo
el agua	con leche
la coca-cola	con hielo
la cerveza	con limón
el vino blanco	con/sin gas
	con/sin azúcar
	No tomo nunca.

● ¿Cómo tomas tú el café?
○ Yo no tomo nunca café. No me gusta. ¿Y tú?
● Yo, lo tomo con leche y sin azúcar.

B. Explica al resto de la clase algo curioso que has descubierto de tu compañero.

● Yannis toma el café frío.

8. COCINA LATINA

A. "La Hacienda" es un restaurante de cocina latinoamericana. En el menú de hoy se encuentran estos cuatro platos. ¿Puedes relacionar cada uno con su fotografía?

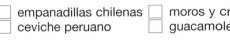

☐ empanadillas chilenas ☐ moros y cristianos de Cuba
☐ ceviche peruano ☐ guacamole

B. ¿Sabes a qué plato de los anteriores corresponden estos ingredientes? Coméntalo con tu compañero y, luego, escribid el número correspondiente en cada casilla.

☐ harina y carne picada

☐ pescado y limón

☐ arroz y frijoles

☐ aguacate y cebolla

- El guacamole se hace con aguacate, ¿no?
- Sí, y también lleva...

C. Imagina que vas a comer a "La Hacienda". ¿Cuál de los platos anteriores vas a pedir? Si quieres, hazle más preguntas a tu profesor para ayudarte a decidir.

- ¿Las empanadillas chilenas son picantes?

9. EL MENÚ DE HOY

A. Vamos a hacer el menú del día de la clase. Piensa en un primer plato, en un segundo plato y en un postre. Pueden ser cosas típicas de tu país o platos que te gustan mucho. Escribe el nombre de cada plato y qué ingredientes lleva. Luego, explícaselo a tus compañeros.

B. En la pizarra el profesor va a apuntar los platos propuestos por cada uno. Si alguien no conoce alguno, puede hacer preguntas.

- Yo, de primero, propongo macarrones a la "Nicoletta".
- ¿Qué son?
- Son los macarrones de mi abuela. Llevan...

C. Con todos los platos apuntados, ya tenemos el menú del día de la clase. Ahora, un compañero va a ser el camarero. En la pizarra anotará lo que pedís. Podéis organizaros en mesas, como en un restaurante.

CAMARERO	CLIENTE
¿Qué desea/n? **¿Qué le/les pongo?**	**De primero (quiero)** sopa, y **de segundo**, pollo al horno.
¿Para beber?	**(Para beber)**, una cerveza, por favor.
¿Alguna cosa de postre?	Perdone, **¿qué hay/tienen de** postre?

- Hola, buenos días.
- Buenos días.
- ¿Qué desea?
- Mire, de primero, quiero...

D. ¿Cuáles son los platos más pedidos?

10. ¿DÓNDE COMES HOY?

A. Lee el siguiente texto sobre los horarios y los hábitos de los españoles a la hora de comer, y señala las cosas que son diferentes en tu país.

LOS ESPAÑOLES Y SUS MENÚS

Las ciudades son cada vez más grandes. No hay tiempo para ir a casa a comer. Sin embargo, el horario "español" no ha cambiado en muchas empresas y algunos españoles todavía hacen una larga pausa al mediodía y una comida fuerte. Algunos piensan que hay que cambiar las costumbres. Otros prefieren ir al restaurante de la esquina a comer con los compañeros de la oficina. Aquí tenemos cuatro ejemplos.

Armando, propietario del restaurante "Cangas de Onís"

Nosotros solo servimos comidas de 13.30 a 16h, para gente que trabaja aquí cerca. Muchos no tienen tiempo de ir a casa a comer y, además, ya nadie quiere cocinar. Aquí se puede elegir entre cinco primeros, cinco segundos y cuatro postres. Ya conocemos los gustos de la gente: comida casera y sencilla, para todos los gustos... Hoy, por ejemplo, tenemos sopa, ensalada, macarrones, gazpacho o lentejas, o sea, que combinamos platos fríos, calientes, ligeros, fuertes... Y de segundo, básicamente carne, pescado o huevos. Hoy, por ejemplo, hay pollo, lomo, calamares, merluza o huevos fritos con patatas. También tenemos platos fijos algunos días de la semana: los jueves, paella, y los lunes, cocido, por ejemplo.

Estrella, secretaria

Yo vivo muy lejos de la oficina y no tengo tiempo para ir a casa y volver. Alguna vez como una pizza o un bocata, pero casi todos los días me traigo al trabajo la fiambrera con la comida. En la oficina tenemos un microondas y comemos todos los compañeros juntos. Luego, salimos a tomar un café.

Leonor, comerciante

Yo vivo cerquita de mi tienda y, como cierro a las 14h y por la tarde abro a las 17h, tengo tiempo para ir a comer con mi marido. Comemos a las 14.30 o a las 14.45h. A veces, también vienen los chicos, pero normalmente salen tarde de la universidad y comen sobre las 16h. O sea, que comemos en dos turnos. Pero eso sí, siempre comida casera: un día arroz, otro macarrones, pescadito fresco, unos buenos filetes... ¡Es importante comer bien en casa! Y, además, luego, me da tiempo de echar una siestecita delante de la tele antes de volver a la tienda.

Vicente, ejecutivo

Yo, muchos días, tengo comidas de trabajo, con mi jefe o con clientes. Si no, como un menú del día en algún restaurante del barrio. El problema es que, al final, todos te cansan... Un día por semana, los martes, juego al tenis con unos amigos y como un plato combinado en el club. La verdad es que no hay nada como comer en casa, pero yo vivo a 50 kilómetros del trabajo... Mi mujer es profesora y tampoco come en casa. Por la noche cenamos bien, con los niños. A mí me encanta cocinar y a mi mujer también.

B. Ahora, entre todos, comentad aquellos aspectos que os sorprenden más.

8

EL BARRIO IDEAL

En esta unidad vamos a
imaginar un barrio ideal

Para ello vamos a aprender:
> a describir pueblos, barrios y ciudades
> a hablar de lo que más nos gusta de un lugar
> a pedir y a dar información para llegar a un sitio
> los cuantificadores > a resaltar un aspecto
> los servicios de un barrio

1. EL BARRIO DE SAN ANDRÉS

A. Este es el centro del barrio de San Andrés. ¿Dónde están las cosas de la lista? Escribe el número al lado.

- [ ] una zona peatonal
- [ ] un restaurante
- [ ] un parque
- [ ] contenedores de basura
- [ ] un cajero automático
- [ ] un teléfono público
- [ ] un centro comercial
- [ ] una tienda de ropa
- [ ] bares
- [ ] una estación de metro
- [ ] un párking
- [ ] una escuela
- [ ] una biblioteca
- [ ] un supermercado
- [ ] una parada de autobús

B. Ahora, completa la lista con otros servicios o establecimientos que veas en el dibujo.

C. ¿Crees que le falta algo a este barrio? Coméntalo con un compañero.

> En este barrio **no** hay **ningún** teatro.
> En este barrio **no** hay **ninguna** iglesia.
> En este barrio **no** hay panaderías.

D. ¿Y tú? ¿En qué barrio vives? ¿Y tu compañero? Haceos preguntas.

- ¿Vives cerca de la escuela?
- o No, vivo en las afueras.
- ¿Y qué hay cerca de tu casa?

2. CREAR UNA CIUDAD

A. Aquí tienes una descripción de un famoso barrio: el Ensanche. Lee el texto. ¿Sabes en qué ciudad está?

Pocos lugares del mundo pueden ofrecer tanto en un solo barrio. En el Ensanche hay edificios muy famosos, algunos de Gaudí, como la Pedrera, la Casa Batlló o la Sagrada Familia. El Ensanche es un barrio elegante y burgués, especialmente el Paseo de Gracia, lleno de tiendas de moda, lujosos hoteles, galerías de arte…

Todas las calles son rectas, paralelas y perpendiculares, y forman espacios cuadrados entre ellas llamados "manzanas". La mayoría de los edificios tienen seis plantas. De noche, el Ensanche es un barrio ordenado y tranquilo. De día, el tráfico y el ruido nos recuerdan que estamos en una gran ciudad. En el barrio hay dos grandes hospitales y varios mercados, pero no hay ningún cementerio. También hay escuelas, iglesias y todo tipo de servicios básicos. Sin embargo, hay pocos parques y zonas verdes.

B. ¿Quieres saber más de Barcelona? Vas a conocer al urbanista creador del Ensanche, Ildefons Cerdà, y su plan original. Compáralo con el Ensanche actual y, después, decide si las frases del cuadro hablan del Plan Cerdà, del Ensanche actual o de los dos. Compáralo con tu compañero. ¿Podéis encontrar alguna diferencia más?

	Plan Cerdà	Ensanche actual	Los dos
1. Es un barrio burgués.			
2. No hay ningún hospital dentro del barrio.			
3. Dentro de las manzanas hay jardines comunitarios.			
4. Hay varias escuelas, iglesias y mercados.			
5. La casas no tienen más de tres pisos de altura.			
6. No hay cementerios dentro del barrio.			
7. Todas las calles son rectas.			
8. Hay cien árboles en cada manzana.			
9. No hay muchas zonas verdes.			
10. En el barrio hay bastante ruido y contaminación.			

Barcelona, 1860

Barcelona es solo la ciudad medieval, rodeada de murallas. Es necesario abrir la ciudad porque los barceloneses necesitan más espacio. El ingeniero Ildefons Cerdà crea un nuevo plan urbanístico: el Ensanche.

El Plan Cerdà: el Ensanche

Ildefons Cerdà (1815 - 1876)

Cerdà quiere crear una ciudad para todas las personas, gente de todas las clases en un mismo barrio. En su plan todas las calles son rectas, paralelas y perpendiculares, y forman cuadrados o islas: las manzanas. Todas las manzanas tienen jardines en el interior y todos los pisos tienen sol y aire fresco. Cada manzana tiene cuatro lados; normalmente solo dos o tres lados están edificados, con casas de no más de tres pisos. Los lados sin edificar permiten entrar al jardín interior de la manzana, que es para uso de todos los vecinos del Ensanche. La idea es la "ciudad-jardín", donde la gente vive rodeada de aire fresco y espacios verdes, ya que, además de los jardines, las calles están llenas de árboles; en total, cien árboles en cada manzana. Dentro del Ensanche hay escuelas, iglesias, centros sociales, mercados y los servicios básicos, pero los hospitales

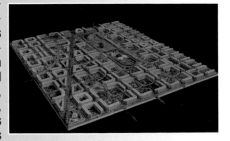

y los cementerios están fuera. El Ensanche es una ciudad perfecta; una ciudad sin diferencias y sin límites que se puede extender infinitamente en todas las direcciones.

3. EN MI BARRIO HAY DE TODO

A. ¿Cómo es tu barrio o tu pueblo? Marca con una cruz las informaciones que sean verdad.

❏ Es muy bonito.
❏ Hay muchos bares y restaurantes.
❏ Es bastante feo.
❏ Las calles son estrechas.
❏ Es muy tranquilo.
❏ Hay pocas zonas verdes.

❏ Está lejos del centro.
❏ No hay ninguna iglesia.
❏ Es muy aburrido.
❏ Está cerca del centro / de una ciudad importante.
❏ Hay poco ambiente.
❏ Es especial.
❏ Hay bastantes tiendas.
❏ Es muy ruidoso.
❏ Hay algunas plazas.
❏ Está bien comunicado.
❏ Hay de todo.

B. Prepara seis frases más describiendo tu barrio o tu pueblo.

En mi | barrio / pueblo | hay ....
| | no hay ningún/ninguna ....

Mi | barrio / pueblo | es ....
| | está ....

Lo que más me gusta de mi barrio/pueblo es/son ....
.... y ....

Lo que menos me gusta de mi barrio/pueblo es/son ....
.... y ....

C. Ahora, describe tu barrio o tu pueblo al resto de la clase.

● Yo vivo en... Es un barrio antiguo y con mucho ambiente. Es un poco ruidoso, pero a mí me encanta. Lo que más me gusta es que está en el centro y lo que menos me gusta es que no hay ningún parque.

4. PERDONE, ¿SABE SI HAY...?

A. En estos diálogos, unas personas preguntan cómo llegar a diferentes sitios. Relaciona las indicaciones que les dan con los planos.

A
● Perdone, ¿sabe si hay alguna farmacia por aquí?
○ Sí, a ver, la primera... no, la segunda **a la derecha**. Está justo **en la esquina**.

C
● Perdona, ¿sabes si hay una estación de metro cerca?
○ Cerca, no. Hay una, pero está un poco **lejos**, a unos diez minutos de aquí.

B
● Perdona, ¿sabes si el hospital está por aquí **cerca**?
○ ¿El hospital? Sí, mira. Sigues **todo recto** y está al final de esta calle, **al lado** de la Universidad.

D
● Perdone, ¿la biblioteca está en esta calle?
○ Sí, pero al final. Sigues todo recto hasta la plaza y está en la misma plaza, **a la izquierda**.

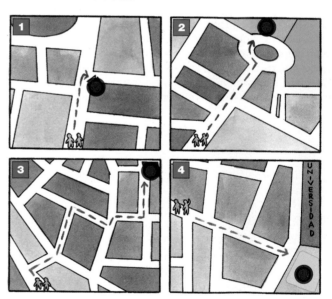

 B. Escucha y comprueba.

C. Fíjate en las expresiones que están en negrita en los diálogos. Expresan ubicación, dirección o distancia. Escríbelas debajo de su icono correspondiente.

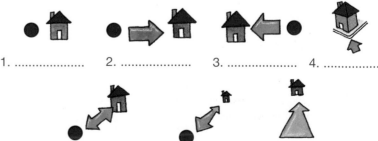

1. ....   2. ....   3. ....   4. ....

5. ....   6. ....   7. ....

CUANTIFICADORES

	Singular	
Masculino		Femenino
*ningún parque		ninguna plaza
poco tráfico		poca gente
*un parque		una plaza
*algún parque		alguna plaza
	bastante tráfico/gente	
mucho tráfico		mucha gente

	Plural	
Masculino		Femenino
pocos parques		pocas plazas
algunos parques		algunas plazas
varios parques		varias plazas
	bastantes parques/plazas	
muchos parques		muchas plazas

! * Cuando se refieren a un sustantivo ya conocido y no lo repetimos, usamos las formas **ninguno, uno** y **alguno.**

- Perdona, ¿hay algún hotel por aquí?
- Mmm... no, no hay **ninguno.**

- En mi barrio no hay ningún parque.
- Pues en el mío hay **uno** muy bonito.

- En mi barrio no hay ningún hospital, ¿en tu barrio hay **alguno**?

> La calle es muy tranquila. Hay muy poco ruido... normalmente.

EXPRESAR GUSTOS: RESALTAR UN ASPECTO

Lo que más/menos me gusta de mi barrio **es/son** + sustantivo
Lo que más/menos me gusta de mi barrio **es** + **que** + frase

- ¿Qué es **lo que más te gusta** de tu barrio?
- **Lo que más me gusta es** la gente y **lo que menos me gusta es que** hay pocas zonas verdes.

PEDIR INFORMACIÓN SOBRE DIRECCIONES

¿**sabes/sabe si hay** una farmacia **(por) aquí cerca**?
¿**sabes/sabe si** el hospital **está (por) aquí cerca**?
Perdona/e, ¿**está muy lejos de aquí** el estadio de fútbol?
¿**dónde está** la estación de metro?
¿la biblioteca **está en esta calle**?

> Disculpe, ¿sabe si hay algún banco por aquí?

> Sí, mire, en la plaza hay uno, justo en la esquina.

DAR INFORMACIÓN SOBRE DIRECCIONES

Está a	(unos) 20 minutos **a pie / en metro / en coche / en tren / en autobús...**
Está a	(unos) 200 metros **de aquí.**

Está	muy lejos.
	bastante lejos.
	un poco lejos.
	bastante cerca.
	muy cerca.
	aquí al lado.
	aquí mismo.

- ¿La Universidad está muy lejos de aquí?
- ¡Qué va! **Está aquí al lado. A cinco minutos a pie.**

Todo recto	**En** la esquina
A la derecha (de...)	**En** la plaza...
A la izquierda (de...)	**En** la calle...
Al lado (de...)	**En** la avenida...
Al final de la calle	**En** el paseo...
La primera/segunda... (calle) **a la derecha/izquierda...**	

- Perdona, ¿sabes si hay alguna farmacia por aquí cerca?
- Sí, mira, hay una **al final de** la calle, **a la derecha**, **al lado de** un gimnasio.

5. TRES BARRIOS CON ENCANTO

A. Estos son tres barrios de tres ciudades del mundo hispano. En grupos de tres, cada uno lee la información sobre uno de los barrios y piensa cómo lo va a explicar luego a sus compañeros.

palermo viejo - buenos aires

Un barrio inmortalizado en la literatura de Borges que combina lo moderno y lo antiguo. En Palermo, el espíritu bohemio de la gente contrasta con los modernos bares y restaurantes. En el barrio viven muchos artistas y hay muchas galerías de arte y pintorescos talleres. Las casas son antiguas y hay algunos pasajes llenos de plantas y paseos llenos de árboles. También hay varias placitas donde la gente se reúne para hacer actividades culturales. La más conocida es la plaza de Julio Cortázar, donde hay varios restaurantes que ofrecen comida de distintos países. De Palermo Viejo se dice que es el Soho porteño.

B. Ahora, explica a tus compañeros lo que has leído. Ellos tendrán que decir qué es lo que más les gusta del barrio.

- Lo que más me gusta de El Albaicín es que las calles son estrechas y que las casas tienen patios interiores.

el albaicín - granada

Su nombre viene del árabe y es el barrio más antiguo de Granada. En El Albaicín, las calles son estrechas, empinadas y están limitadas por una muralla. En la zona de los Cármenes, las calles son blancas y tienen hermosos patios interiores. En la calle de la Calderería hay teterías y carnicerías árabes. De noche, el barrio se llena de estudiantes universitarios de todas las nacionalidades. El Albaicín es un barrio muy especial, que se ve, se oye y se toca, un lugar donde se unen el pasado y el presente.

el vedado - la habana

Antiguamente un bosque de difícil acceso y zona residencial de la burguesía criolla, El Vedado es hoy el corazón de la capital cubana. La principal zona del barrio es La Rampa, donde se encuentra el famoso Hotel Nacional. En el barrio hay tiendas, mercados populares de artesanía, la famosa heladería Coppelia y varios palacetes rodeados de jardines con vegetación tropical. Las calles de El Vedado son rectas y limpias. En la actualidad, el barrio ofrece mucha actividad, tanto de día como de noche: restaurantes, discotecas, cines, hoteles…

6. MIS LUGARES PREFERIDOS

A. ¿Cuáles son tus lugares preferidos de tu ciudad o de tu pueblo? ¿Tienes alguna tienda favorita? ¿Algún restaurante donde te gusta ir a comer? Escríbelo en la ficha.

> Mis lugares preferidos:

B. Ahora, con la ayuda de un plano, vais a explicar dónde están vuestros lugares preferidos.

- Yo voy mucho a un bar que se llama "Ritmo latino". Ponen música en español todos los viernes y no es muy caro. A ver… Está aquí…
- Pues en mi barrio hay una tienda de discos muy buena. Tienen discos viejos de jazz y de blues. Está…

C. En grupos de tres, imaginad que un español va a vivir a vuestra ciudad o a vuestro pueblo y os pide ayuda para encontrar una serie de lugares. Uno de vosotros hace de español y los otros dos le ayudan.

una biblioteca   una tienda de productos biológicos   un gimnasio   un parque   una piscina   un hospital   un restaurante japonés   una tienda de discos

- ¿Hay algún gimnasio por aquí cerca?
- Creo que hay uno en la plaza, al lado de la farmacia.

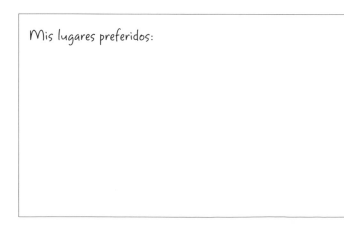

8

7. ICARIA

A. Icaria es una ciudad que tiene cuatro barrios principales. ¿En qué barrio crees que vive cada una de estas personas? ¿Por qué?

ICARIA es una ciudad con mucha historia. Está situada en la costa y no es muy grande, pero es moderna y dinámica. En Icaria hay cuatro grandes barrios: el barrio Sur, el barrio Norte, el barrio Este y el barrio Oeste.

EL BARRIO SUR es el centro histórico. Está al lado del mar y tiene una playa preciosa. Es un barrio bohemio, antiguo y con pocas comodidades, pero con mucho encanto. Las calles son estrechas y hay muchos bares y discotecas. Los alquileres no son muy caros y por eso muchos artistas y jóvenes viven allí. En el barrio viven muchos extranjeros.

EL BARRIO NORTE es un barrio nuevo, elegante y bastante exclusivo. Está situado bastante lejos del centro y del mar. Hay muchos árboles y zonas verdes. Las calles son anchas, no hay edificios altos y casi todas las casas tienen jardín. En el barrio Norte hay pocas tiendas, pero hay un centro comercial enorme, un polideportivo y un club de tenis.

EL BARRIO ESTE es un barrio céntrico y bastante elegante. Las calles son anchas y hay muchas tiendas de todo tipo. También hay muchos cines, teatros, restaurantes y varias galerías de arte. Hay, sin embargo, pocas zonas verdes.

EL BARRIO OESTE es un barrio de edificios altos, construidos la mayoría en los años 60. En el barrio no hay mucha oferta cultural, pero hay tres mercados, varias escuelas y muchas tiendas… Está un poco lejos del centro de la ciudad, pero está muy bien comunicado. Tiene un gran parque y dos centros comerciales.

1. Ester Cruz

26 años / Profesora de yoga / Vive con dos amigas / Tiene una bicicleta / Le gustan la música y el mar

2. Conchita Casas

73 años / Jubilada / Vive con su prima Sole / Le gusta mucho pasear por el parque y jugar a las cartas

3. Toni Navarro

43 años / Publicista / Vive solo / Le gusta salir a cenar con amigos / Le interesan el arte y el cine

4. Alicia Serra

32 años / Empresaria / Vive con su compañero, Alex / Tienen dos hijos y un perro / Le gusta jugar al tenis por las mañanas / Tiene una moto

● Yo creo que Alicia Serra vive en el barrio Norte porque…

 B. Ahora, escucha a Fernando hablando de su barrio. ¿En qué barrio de Icaria vive?

C. ¿Cuál es el barrio más bonito de vuestra ciudad? ¿Cuál es el más animado? ¿Y el más tranquilo? Entre todos, poneos de acuerdo.

8. UN BARRIO IDEAL

A. Hoy tenéis la oportunidad de soñar con el barrio en el que os gustaría vivir. En grupos, completad primero esta ficha.

1. Cómo se llama:

2. Dónde está:

3. Cómo es:

4. Qué hay:

5. ¿Qué tipo de gente vive en él?:

B. Ahora, haced un plano para explicar al resto de la clase cómo es el barrio que habéis diseñado. Los demás pueden hacer preguntas porque luego, entre todos, vais a decidir cuál es el mejor barrio de todos.

Nuestro barrio se llama Los Marineros y está al lado del mar. Es un barrio de pescadores precioso. En el barrio hay muchos restaurantes…

9. PODER LATINO

A. ¿Sabéis cuántos millones de hispanos hay en Estados Unidos? ¿De qué tres países creéis que provienen la mayoría de inmigrantes latinos de ese país? Comentadlo entre todos y, luego, leed el siguiente artículo.

PODER LATINO

★★★★★★★★★★★★★✪★★★★★★★★★★★★

Los latinos en Estados Unidos suelen vivir agrupados en los mismos barrios; así que, cuando hablamos de barrios hispanos del mundo, no tenemos por qué pensar únicamente en lugares de América Latina o de España, como la Boca en Buenos Aires, el Albaicín en Granada, Lavapiés en Madrid o la Habana Vieja... Los aproximadamente 40 millones de latinos que viven en Estados Unidos tienen el peso suficiente como para formar comunidades en las que se respira el ambiente de sus países de origen.

En el East Harlem de Nueva York, también conocido como "El Barrio" o *Spanish Harlem*, Puerto Rico está en el aire. Hay mucha gente en las calles: unos conversan, otros juegan al dominó, otros simplemente pasean. De las ventanas de las casas, de los restaurantes y de los coches, sale un tipo especial de música: la salsa. Un dato curioso: viven más puertorriqueños en Nueva York que en San Juan, la capital de Puerto Rico.

¿Y el mítico barrio de La Misión, en San Francisco? En los restaurantes hay burritos, quesadillas, enchiladas y otros platos de la cocina mexicana adaptados al gusto americano. En las paredes de las calles hay murales enormes que recuerdan a Diego Ribera. México está presente.

También Cuba está presente en Little Havana. En las diez manzanas que forman este barrio de Miami hay siempre mucho tráfico y ruido. La calle principal es la famosa calle Ocho, donde se celebra el carnaval. En los parques hay hombres en guayabera fumando cigarros habanos; juegan al dominó y charlan, muchas veces de política. Las tiendas ofrecen productos de Cuba y en la calle se oye el inconfundible acento de la isla. Un buen lugar para captar el espíritu de Little Havana es "El Versalles", un conocido restaurante con paredes cubiertas de espejos, siempre lleno de gente que habla animadamente y donde se sirve una deliciosa comida cubana.

01 Little Havana
02 La Misión
03 East Harlem

B. ¿Y en tu ciudad? ¿Hay barrios de gente de otros países? ¿Existe un barrio de tu cultura fuera de tu país?

9

¿SABES COCINAR?

1. CUALIDADES DE UN AMIGO

A. Los adjetivos de la derecha sirven para describir el carácter o la personalidad. ¿Cuáles crees que son positivos? ¿Cuáles negativos?

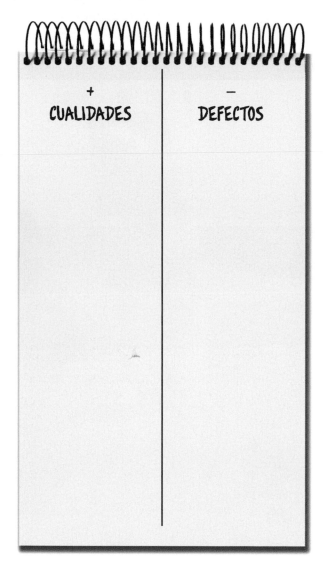

+ CUALIDADES	− DEFECTOS

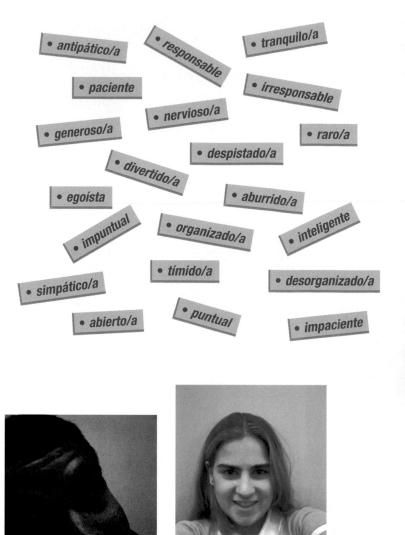

- antipático/a
- responsable
- tranquilo/a
- paciente
- irresponsable
- generoso/a
- nervioso/a
- raro/a
- despistado/a
- divertido/a
- egoísta
- aburrido/a
- impuntual
- organizado/a
- inteligente
- simpático/a
- tímido/a
- desorganizado/a
- abierto/a
- puntual
- impaciente

B. ¿Cuáles de las anteriores cualidades (o defectos) crees que tienes tú?

- Yo creo que soy bastante generoso, un poco tímido y muy tranquilo.

C. Para ti, ¿cuáles son las tres cualidades más importantes en un amigo?

- Para mí, un amigo tiene que ser, primero, generoso, después, divertido y también...

2. DOS NOVIOS PARA RAQUEL

A. Lee este e-mail que Raquel envía a su amiga Rocío. ¿Cómo crees que son Alberto y Luis? Coméntalo con tu compañero.

De:	raquel azcona
Para:	rserrano@africamail.com
CC:	
CCO:	
Asunto:	¡Qué lío!

Archivos adjuntos: *ninguno*

Charcoal — Medio — **B** *I* <u>U</u> T

¡Hola! ¿Qué tal? Yo, muy bien, un poco confusa, pero bien. ¡Sorpresa! He conocido a dos chicos muy interesantes. Los dos me gustan mucho. Son muy distintos, pero me encantan los dos. El problema es que no sé cuál me gusta más. ¡Qué lío!

Uno se llama Alberto: muy guapo. Es músico, toca la guitarra en un grupo, escribe poesía y canta. Ha viajado por todo el mundo y ha vivido en Amsterdam y en Nueva York. Es fantástico pero, no sé, parece un poco despistado. Por ejemplo, él no me llama nunca, siempre llamo yo. También está viajando todo el tiempo... Pero estos últimos meses hemos hecho muchas cosas juntos: hemos ido al teatro, al cine, a conciertos, a bailar (¡sabe bailar salsa! ¡Por fin he encontrado un hombre que baila como yo!)... ¡Y me ha compuesto una canción! La hemos tocado juntos, yo al piano y él a la guitarra, y suena muy bien. ¿Un dúo perfecto?

Luis es totalmente distinto. En realidad, nos parecemos mucho, porque también es ingeniero (ha estudiado en Boston y en París) y está muy centrado en su trabajo. Es bastante ambicioso, como yo... Y tiene una sonrisa preciosa y un sentido del humor extraordinario. La verdad es que me lo he pasado muy bien con él. Le encanta la montaña, pasear, comer bien... Hemos ido a esquiar dos veces, también hemos ido al fútbol... Además, me ha invitado a su casa y he conocido a toda su familia. ¡Son todos muy simpáticos! Luis es un encanto, me llama todos los días, ¡y es tan detallista! ¡Ah!, y me ha dicho que está muy enamorado de mí.

No (ya sé lo que estás pensando), Alberto no ha dicho nada de estar enamorado; y además se ha ido porque tiene una gira de dos meses.

¿Qué hago? ¿Tú qué opinas?

Un beso muy grande.

Raquel

- Yo creo que Alberto es divertido, un poco desorganizado...

B. Imagina que eres el mejor amigo o la mejor amiga de Raquel. ¿Cuál crees que es el mejor novio para ella? ¿Por qué?

3. ¿ERES UNA PERSONA ROMÁNTICA?

A. ¿Has hecho alguna vez estas cosas por alguien especial?

	Sí	No
1. ¿Has preparado alguna vez una cena romántica?	❏	❏
2. ¿Alguna vez has escrito un poema de amor?	❏	❏
3. ¿Has vivido alguna historia de amor apasionada?	❏	❏
4. ¿Alguna vez has cantado una canción de amor a alguien?	❏	❏
5. ¿Te has enamorado alguna vez a primera vista?	❏	❏
6. ¿Has tenido que mentir por amor?	❏	❏
7. ¿Has dicho alguna vez: "Te quiero"?	❏	❏
8. ¿Alguna vez has declarado tu amor a alguien por la radio o por la televisión?	❏	❏
9. ¿Has hecho alguna vez un viaje muy largo por amor?	❏	❏
10. ¿Alguna vez has enviado rosas o bombones a alguien después de un fin de semana?	❏	❏

B. Vamos a ver los resultados. Cuenta tus respuestas afirmativas. ¿Eres una persona romántica?

Entre **0 y 2** respuestas afirmativas.
Eres una persona un poco fría. No sabes lo que significa la palabra romanticismo. Pero cuidado, recuerda que todo el mundo necesita un poco de amor.

Entre **3 y 6** respuestas afirmativas.
Eres una persona bastante romántica. Te gusta demostrar tus sentimientos a la persona amada y hacer que él o ella se sienta bien.

7 o más respuestas afirmativas.
Sin duda eres una persona muy romántica. Pero, cuidado, vivir contigo puede ser como vivir en una novela rosa.

C. ¿Has observado que en el test hay un nuevo tiempo verbal? Es el Pretérito Perfecto. Sirve para hablar de experiencias pasadas y se forma con el verbo **haber** y el Participio. Subraya ahora todos los verbos en Pretérito Perfecto que encuentres en el apartado A.

D. Completa este cuadro con los infinitivos y los participios de los verbos que has encontrado. Luego, completa el texto.

Participio: -ado		Participio: -ido		otros	
Infinitivo	Participio	Infinitivo	Participio	Infinitivo	Participio
preparar	preparado				

PARTICIPIOS REGULARES
- Los infinitivos que terminan en **-ar** forman el Participio con la terminación: ......
- Los infinitivos que terminan en **-er** forman el Participio con la terminación: ......
- Los infinitivos que terminan en **-ir** forman el Participio con la terminación: ......

E. Ahora, hazle las preguntas del test a tu compañero. ¿Quién es más romántico de los dos?

- ¿Has preparado una cena romántica alguna vez?
- Sí, muchas veces. ¿Y tú?

4. ¿NO SABES O NO PUEDES?

A. Mira el dibujo. ¿Por qué dice que no el chico? ¿Y la chica?

B. ¿Cuáles de estas cosas sabes hacer bien? Márcalo y, luego, explícaselo a tus compañeros. ¿Quién sabe hacer más cosas?

❏ dibujar ❏ nadar ❏ jugar al ajedrez
❏ tocar la guitarra ❏ cocinar ❏ coser
❏ contar chistes ❏ esquiar ❏ bailar

- Yo sé tocar la guitarra, contar chistes y bailar.

HABLAR DE EXPERIENCIAS PASADAS: EL PRETÉRITO PERFECTO

	Presente de **haber** +	Participio
(yo)	**he**	
(tú)	**has**	
(él/ella/usted)	**ha**	est**ado**
(nosotros/nosotras)	**hemos**	ten**ido**
(vosotros/vosotras)	**habéis**	viv**ido**
(ellos/ellas/ustedes)	**han**	

El Pretérito Perfecto sirve para hablar de experiencias pasadas sin referirnos a cuándo han ocurrido.

- ● *He viajado* por todo el mundo.
- ○ *¡Qué suerte!*

En muchos casos utilizamos expresiones de frecuencia para informar del número de veces que hemos realizado una acción.

muchas veces
varias veces
tres veces
un par de veces (= **dos veces**)
alguna vez
una vez
nunca

- ● *¿Has estado **alguna vez** en Latinoamérica?*
- ○ *Sí, he estado **muchas veces** en Argentina y **un par de veces** en Costa Rica.*

- ● *¿Has estado **alguna vez** en Japón?*
- ○ *No, **nunca**.*

> Fíjate:
> **Nunca** he estado en Japón. = **No** he estado **nunca** en Japón.
>
> Pero: ~~He estado **nunca** en Japón.~~

❗● El auxiliar y el Participio son una unidad, no se puede colocar nada entre ellos: ~~No he **nunca** estado en Japón.~~

¡Nunca he ido de vacaciones sin mi familia!

EL PARTICIPIO

verbos en –ar: -ado	verbos en –er/–ir: -ido	irregulares
viaj**ado**	viv**ido**	**escrito**
cant**ado**	ment**ido**	**dicho**
enamor**ado**	ten**ido**	**hecho**
envi**ado**	le**ído**	**compuesto**
habl**ado**	re**ído**	**vuelto**
est**ado**	com**ido**	**puesto**
escuch**ado**	conoc**ido**	**roto**
gust**ado**	sal**ido**	
prepar**ado**	**ido**	

HABLAR DE HABILIDADES

	saber +	Infinitivo
(yo)	**sé**	
(tú)	**sabes**	
(él/ella/usted)	**sabe**	cocinar
(nosotros/nosotras)	**sabemos**	
(vosotros/vosotras)	**sabéis**	
(ellos/ellas/ustedes)	**saben**	

- ● *¿**Sabes** conducir?*
- ○ *Sí, pero no puedo porque no tengo carné.*

Cocina **muy bien**.
Cocina **bastante bien**.
Cocina **bastante mal**. = **No** cocina **muy bien**.
Cocina **muy mal**.
Cocina **fatal**.

- ● *¿Cocina bien tu padre?*
- ○ *No, cocina **fatal**.*

ADJETIVOS DE CARÁCTER

EL GÉNERO

Recuerda que los adjetivos pueden ser masculinos (normalmente acabados en **o**) o femeninos (normalmente acabados en **a**). Sin embargo, hay adjetivos que tienen la misma forma para el masculino y para el femenino.

Acabados en -e	Acabados en -ista	Acabados en -al
inteligent**e**	ego**ísta**	puntu**al**
pacient**e**	optim**ista**	especi**al**
responsabl**e**	pesim**ista**	norm**al**
amabl**e**	real**ista**	le**al**

5. BUSCA A ALQUIEN QUE...

Levántate y pregunta a tus compañeros de clase si han hecho las cosas de la lista. Escribe al lado de cada frase el nombre del primero que conteste afirmativamente (no pases a otra pregunta hasta que encuentres a alguien que conteste afirmativamente a la anterior). Antes de empezar, completa la lista con dos preguntas más.

	NOMBRE
1. perder las llaves de casa	....
2. ir a trabajar sin dormir	....
3. salir en la tele	....
4. enamorarse a primera vista	....
5. ganar un premio	....
6. mentir a un buen amigo	....
7. viajar sin dinero	....
8. encontrar algo de valor en la calle	....
9.	....
10.	....

- ¿Has perdido alguna vez las llaves de casa?
- Sí, muchas veces.

6. GENTE ÚNICA

A. Un programa de radio en España busca entre sus oyentes a personas únicas, gente que ha hecho cosas que nadie más ha hecho. Escucha los testimonios de algunas de estas personas y anota debajo por qué son únicos:

1. ....

2. ....

3. ....

4. ....

B. En pequeños grupos, comentad las experiencias de estas personas comparándolas con las vuestras.

- Yo nunca he estado casado.
- Yo tampoco, pero un tío mío se ha casado tres veces.

C. Ahora, cada uno de vosotros tiene que decir cosas que ha hecho y que piensa que ninguno de sus compañeros ha podido hacer. ¿Eres realmente el único de la clase que lo ha hecho?

- Yo he vivido dos años en Japón.

7. ¡ADIÓS PAPÁS!

A. ¿Estás de acuerdo con lo que sugiere la introducción de este artículo?

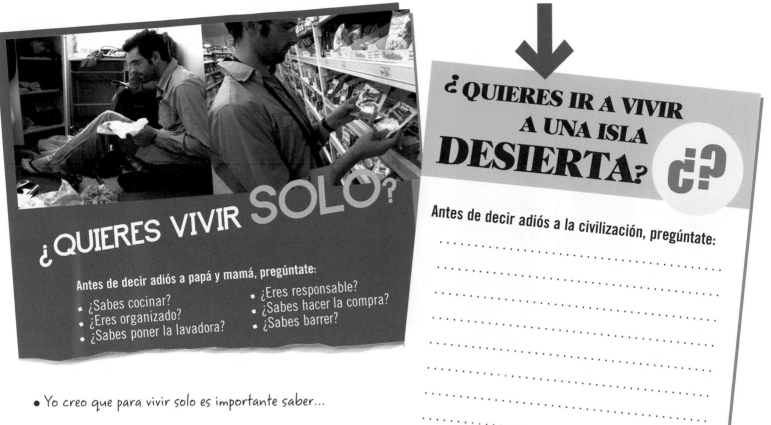

¿QUIERES VIVIR SOLO?

Antes de decir adiós a papá y mamá, pregúntate:

- ¿Sabes cocinar?
- ¿Eres organizado?
- ¿Sabes poner la lavadora?
- ¿Eres responsable?
- ¿Sabes hacer la compra?
- ¿Sabes barrer?

- Yo creo que para vivir solo es importante saber...

B. Piensa ahora qué preguntas tienes que hacerte antes de ir a vivir a una isla desierta. Escríbelo.

¿QUIERES IR A VIVIR A UNA ISLA DESIERTA? ¿?

Antes de decir adiós a la civilización, pregúntate:

....
....
....
....
....
....
....
....
....
....

8. SE BUSCA CHÓFER, GUÍA, ANIMADOR Y COCINERO

A. Imaginad que vais a ir de cámping juntos unos días. Para ello, vais a necesitar un cocinero, un chófer, un animador cultural y un guía turístico. Cada alumno tiene que escoger uno de los cuatro trabajos y escribir las razones por las que cree que debe ser elegido.

B. Ahora, cada uno va a explicar sus razones al resto de la clase. Los demás pueden hacerle preguntas.

- Yo quiero ser el cocinero porque me gusta mucho cocinar. Sé preparar platos de todo tipo: vegetarianos, japoneses, franceses... Además, soy muy organizado con el dinero y he trabajado cinco años en un restaurante.
  - ¿Sabes hacer pizzas?
  - ¿Sabes cocinar para mucha gente?
  - ¿Has cocinado alguna vez en un cámping?

C. ¿Quiénes son los elegidos? Vamos a votar.

9. VIVO CON MIS PADRES

Lee estos datos sobre las edades en las que los españoles realizan una serie de cosas. ¿Es igual en tu país? Comenta con tus compañeros las diferencias que ves entre los españoles y la gente de tu país.

A LOS 20 AÑOS...
- La mayoría de los jóvenes españoles...
  vive con sus padres.
  ha tenido relaciones sexuales.
  no ha terminado los estudios.

A LOS 30 AÑOS...
- El 70% de los españoles no ha dejado la casa de sus padres.
- La mayoría ha empezado a ahorrar.
- La mayoría de las mujeres no han tenido su primer hijo.

A LOS 35 AÑOS...
- La mayoría de los españoles...
  ha comprado su primera vivienda.
  se ha casado.
  ha tenido su primer hijo.
  no ha empezado a pensar en la jubilación.

A LOS 45 AÑOS...
- La mayoría de los españoles ha empezado a pensar en su jubilación.

10. ¿Y TÚ? ¿QUÉ SABES HACER?

A. ¿Es posible la vida sin dinero? Lee el siguiente texto si quieres conocer una alternativa al uso del dinero.

Vivir sin dinero

¿**Qué hace una persona cuando, por ejemplo, necesita una tarta de cumpleaños, pero no sabe hacer tartas o no tiene tiempo?**
Muy sencillo: va a la pastelería y compra una. El dinero sirve para solucionar casi todo. Sin embargo, muchas personas en todo el mundo creen que se puede vivir sin dinero.

Se llaman "prosumidores" (porque son productores y consumidores al mismo tiempo) y creen que se puede mejorar la calidad de vida a través del intercambio imaginativo de artículos o servicios entre grupos de personas. Por ejemplo, si una persona sabe hacer tartas y otra sabe cortar el pelo, pueden realizar un trueque sin necesidad de recurrir al dinero.

Las redes de trueque se han convertido en una opción para cientos de personas que luchan contra una crisis económica. Nacidos en los años noventa en Argentina y Uruguay, estos clubes de trueque se han extendido por toda Latinoamérica e incluso han llegado a países con economías estables como Canadá, Bélgica o Finlandia.

B. ¿Qué opinas de esta iniciativa? ¿Se hace en tu país? ¿Conoces algún caso concreto? Coméntalo con tus compañeros.

C. ¿Por qué no ponéis en común vuestras habilidades o los productos que queréis intercambiar, y fundáis un "club de trueque" en vuestra clase?

- Yo sé tocar el piano.
- Pues yo sé informática y, además, tengo algunas cosas para cambiar: una impresora...

10

UNA VIDA DE PELÍCULA

1. CINEMANÍA

A. Aquí tienes una serie de informaciones sobre la historia del cine. Pero atención: algunas son falsas. ¿Cuáles? Coméntalo con tu compañero. Vuestro profesor tiene las soluciones.

1. Los hermanos Lumière inventaron el cinematógrafo (el primer proyector de cine) y proyectaron la primera película el 28 de diciembre de 1895.
2. Pedro Almodóvar recibió un Oscar a la mejor película extranjera por *Todo sobre mi madre* en 2000 y otro, al mejor guión original por *Hable con ella* en 2003.
3. En los años 50, Marilyn Monroe hizo varias películas en Cuba.
4. Halle Berry fue la primera mujer negra que ganó un Oscar a la mejor actriz.
5. Alfred Hitchcock, el maestro del suspense, no consiguió nunca un Oscar al mejor director.
6. *Toy Story* fue el primer largometraje realizado en su totalidad por ordenador.
7. Ava Gardner estuvo en España en 1951 y tuvo un romance con el torero Luis Miguel Dominguín.
8. El director de cine japonés Akira Kurosawa dirigió *2001: Una odisea en el espacio*.
9. Federico Fellini nació en Argentina en 1920.
10. Las tres películas de la trilogía de *El señor de los anillos* se filmaron en Nueva Zelanda durante casi dos años de forma ininterrumpida.

- Los hermanos Lumière inventaron el cine…
○ Yo creo que es verdad, pero no sé cuándo proyectaron la primera película.
- Yo tampoco.

B. ¿Qué sabes del cine español o del latinoamericano? ¿Conoces a algún director, a algún actor o a alguna actriz españoles o latinoamericanos? Coméntalo con tus compañeros.

- A mí me gusta bastante el cine, pero no sé casi nada del cine español ni del cine latinoamericano.
○ Yo conozco a Pedro Almodóvar y a Antonio Banderas…

2. PEDRO ALMODÓVAR

A. Pedro Almodóvar es probablemente el director de cine español más conocido internacionalmente. ¿Qué sabes de él? ¿Has visto alguna de sus películas? Coméntalo con tus compañeros. Después, lee el texto.

● Yo he visto "Todo sobre mi madre".
○ Yo también, es muy buena.

DATOS PERSONALES
Fecha de nacimiento: 24/09/1951
Lugar de nacimiento: Calzada de Calatrava (Ciudad Real)
Horóscopo: Libra
Color de ojos: marrones
Color del cabello: castaño

CURIOSIDADES
- Le gustan mucho las tapas.
- Su madre participó como actriz en varias de sus películas.
- Es muy exigente con los decorados de sus películas y elige personalmente todos los detalles, incluso la tela de un sofá.
- Su casa está llena de fotos antiguas de su padre y de su madre.

FILMOGRAFÍA
- *Pepi, Luci, Bom y otras chicas del montón* (1980)
- *Laberinto de pasiones* (1982)
- *Entre tinieblas* (1983)
- *¿Qué he hecho yo para merecer esto?* (1984)
- *Matador* (1985)
- *La ley del deseo* (1986)
- *Mujeres al borde de un ataque de nervios* (1988)
- *Átame* (1990)
- *Tacones lejanos* (1991)
- *Kika* (1993)
- *La flor de mi secreto* (1995)
- *Carne trémula* (1997)
- *Todo sobre mi madre* (1999)
- *Hable con ella* (2002)
- *La mala educación* (2004)

B. Ahora, en grupos, después de leer el texto y sin mirarlo, vais a intentar recordar los datos más importantes de la vida de Pedro Almodóvar. Escribidlo.

En 1951 ....
A los 8 años ....
En Madrid ....
En 1980 ....
En 1989 ....
En 2000 ....
En 2003 ....
Actualmente ....

Pedro ALMODÓVAR

El director de cine Pedro Almodóvar es el cineasta español de más éxito internacional. Su obra destaca por el colorido de sus decorados y por la capacidad de crear una galería de personajes excéntricos y entrañables.

Pedro Almodóvar Caballero nació en 1951 en Calzada de Calatrava (Ciudad Real). A los 8 años se fue a vivir con su familia a Cáceres. En esta ciudad extremeña estudió hasta los 16 años.

A mediados de los 60 se trasladó a Madrid, donde trabajó como administrativo en la Compañía Telefónica. En esa época, Pedro empezó a colaborar en diferentes revistas *underground*, escribió relatos, formó parte del grupo punk Almodóvar y McNamara y realizó sus primeros cortometrajes.

En 1980 estrenó su primer largometraje, *Pepi, Luci, Bom y otras chicas del montón*. La película fue un éxito y, al cabo de poco tiempo, Pedro decidió dejar su trabajo en Telefónica para dedicarse por completo al mundo del cine.

Con *Mujeres al borde de un ataque de nervios*, en 1989 se convirtió en el director extranjero de cine independiente más taquillero en Estados Unidos.

En 2000 su película *Todo sobre mi madre* ganó numerosos premios, entre ellos, el Oscar a la mejor película extranjera. Tres años después, recibió su segundo Oscar, esta vez al mejor guión original, por su película *Hable con ella*, que lo consagró definitivamente como el director de cine español más reconocido internacionalmente.

En 2004 Almodóvar estrenó su película número quince, *La mala educación*, que inauguró el festival de cine de Cannes de ese año.

Pedro Almodóvar es actualmente propietario de la productora El Deseo S.A., que produce sus películas y las de otros importantes realizadores españoles.

3. AYER, HACE UN MES...

A. Lee estas frases y marca todas las informaciones con las que coincides. Luego, coméntalo con tu compañero.

❒ Fui al cine la semana pasada.
❒ Ayer hice los deberes.
❒ Estuve en Cuba en junio.
❒ Anoche me acosté tarde.
❒ Viví en África del 97 al 99.
❒ El domingo comí paella.
❒ Me casé hace dos años.
❒ Empecé a estudiar español el año pasado.

❒ He ido al cine esta semana.
❒ Últimamente no he hecho los deberes.
❒ No he estado nunca en Cuba.
❒ Hoy me he levantado pronto.
❒ He vivido en Asia.
❒ Todavía no he probado la paella.
❒ Me he casado dos veces.
❒ He empezado a estudiar español este año.

● Yo fui al cine la semana pasada.
○ Pues yo he ido esta semana.

B. En las frases anteriores aparecen dos tiempos verbales: el Pretérito Indefinido y el Pretérito Perfecto. Marca todas las formas que encuentres en estos dos tiempos. ¿Con qué marcadores temporales se usa cada uno? Escríbelos en el cuadro. ¿Puedes añadir otros?

Pretérito Indefinido	Pretérito Perfecto
la semana pasada	

4. UN CURRÍCULUM

A la derecha tienes el currículum de Nieves. Léelo y, luego, completa estas frases.

1. Estudió en la Universidad de Salamanca de .... a ....
2. Llegó a Cambridge en 1996 y al .... siguiente volvió a Salamanca.
3. Trabajó como profesora de español durante .... años.
4. Empezó la carrera en 1995 y .... después la terminó.
5. Trabajó como traductora en una editorial de Barcelona hasta ....
6. Trabaja como traductora en la ONU desde ....

C. El Pretérito Indefinido sirve para hablar de acciones pasadas situadas en momentos como los de la columna de la izquierda del apartado B. Observa cómo se forma y completa las formas que faltan.

VERBOS REGULARES

-AR estudiar	-ER comer	-IR vivir
....	....	....
estudiaste	comiste	viviste
estudió	comió	vivió
estudiamos	comimos	vivimos
estudiasteis	comisteis	vivisteis
estudiaron	comieron	vivieron

VERBOS IRREGULARES

ir	estar	hacer
....	....	......
fuiste	estuviste	hiciste
fue	estuvo	hizo
fuimos	estuvimos	hicimos
fuisteis	estuvisteis	hicisteis
fueron	estuvieron	hicieron

D. ¿Qué dos conjugaciones tienen las mismas terminaciones en Pretérito Indefinido?

E. En dos casos, la forma es la misma que en Presente de Indicativo. ¿Cuáles?

F. Compara las formas regulares con las irregulares. ¿Tienen el acento igual? Marca las sílabas acentuadas.

DATOS PERSONALES

- Nombre: Nieves
- Apellidos: Ruiz Camacho
- DNI: 20122810-W
- Lugar y fecha de nacimiento: Salamanca, 12/06/1976

FORMACIÓN ACADÉMICA

- 1995-2000 Universidad de Salamanca. Licenciatura en Filología Inglesa.
- 1996-1997 Estudiante Erasmus en Anglia University, Cambridge (Gran Bretaña).
- 2001-2002 Universidad de París-Cluny (Francia). Máster en Traducción.

EXPERIENCIA LABORAL

- 1996-1997 Camarera en The King's Pub, Cambridge (Gran Bretaña).
- 1998-2000 Profesora de español en la Academia ELE, Salamanca.
- 2001-2002 Traductora en la Editorial Barcana, Barcelona.
- 2002-actualidad Traductora en la ONU, Ginebra (Suiza).

IDIOMAS

- Inglés: nivel avanzado, oral y escrito.
- Francés: nivel avanzado, oral y escrito.
- Alemán: nociones básicas.

OTROS DATOS DE INTERÉS

- Amplios conocimientos de informática y dominio de programas de edición.
- Disponibilidad para viajar.

PRETÉRITO INDEFINIDO

El Pretérito Indefinido sirve para hablar de acciones pasadas. Al contrario de lo que pasa con el Pretérito Perfecto, usamos el Pretérito Indefinido para hablar de momentos no relacionados con el presente.

VERBOS REGULARES

	-AR **cambiar**	-ER **nacer**	-IR **escribir**
(yo)	cambi**é**	nac**í**	escrib**í**
(tú)	cambi**aste**	nac**iste**	escrib**iste**
(él/ella/usted)	cambi**ó**	nac**ió**	escrib**ió**
(nosotros/nosotras)	cambi**amos***	nac**imos**	escrib**imos***
(vosotros/vosotras)	cambi**asteis**	nac**isteis**	escrib**isteis**
(ellos/ellas/ustedes)	cambi**aron**	nac**ieron**	escrib**ieron**

● *Cambié* de trabajo hace dos años.

! * Estas formas son las mismas que las del Presente de Indicativo.

VERBOS IRREGULARES

	estar	
(yo)	estuv-	e
(tú)	estuv-	iste
(él/ella/usted)	estuv-	o
(nosotros/nosotras)	estuv-	imos
(vosotros/vosotras)	estuv-	isteis
(ellos/ellas/ustedes)	estuv-	ieron

● *Ayer* **estuve** *en casa de Roberto.*

Todos los verbos que tienen la raíz irregular en Pretérito Indefinido tienen las mismas terminaciones.

tener	➡	tuv-	
poner	➡	pus-	e
poder	➡	pud-	iste
saber	➡	sup-	o
hacer	➡	hic*-	imos
querer	➡	quis-	isteis
venir	➡	vin-	
decir	➡	dij**-	

> En la primera y en la tercera personas del singular de los verbos regulares, la última sílaba es tónica; en los irregulares, en cambio, la sílaba tónica es la penúltima.

! * él/ella/usted **hizo**
** ellos/ellas/ustedes **dijeron** ~~dijieron~~

Los verbos **ir** y **ser** tienen la misma forma en Indefinido.

	ir/ser
(yo)	**fui**
(tú)	**fuiste**
(él/ella/usted)	**fue**
(nosotros/nosotras)	**fuimos**
(vosotros/vosotras)	**fuisteis**
(ellos/ellas/ustedes)	**fueron**

● *Fui al cine la semana pasada.*
● *La película* **fue** *un gran éxito.*

MARCADORES TEMPORALES PARA HABLAR DEL PASADO

Todos estos marcadores temporales se usan con el Pretérito Indefinido.

el martes/año/mes/siglo **pasado**
la semana pasada
hace un año/dos meses/tres semanas/cuatro días...
el lunes/martes/miércoles/8 de diciembre...
en mayo/1998/Navidad/verano...
ayer/anteayer/anoche
el otro día
entonces/en esa época

● *¿Cuándo llegaste a Madrid?*
  ○ *La semana pasada.*

● *Compré el piso* **hace** *un año.*

● *¿En qué año te casaste?*
  ○ *En 1998.*

● *¿Qué día empezó el curso?*
  ○ *El lunes.*

EMPEZAR A + INFINITIVO

(yo)	**empecé**	
(tú)	**empezaste**	
(él/ella/usted)	**empezó**	**a** + Infinitivo
(nosotros/nosotras)	**empezamos**	
(vosotros/vosotras)	**empezasteis**	
(ellos/ellas/ustedes)	**empezaron**	

● *Empecé a trabajar en una multinacional hace dos años.*

RELACIONAR ACONTECIMIENTOS DEL PASADO

● Se casaron en 1997 y tres años **después** se divorciaron.
● Acabó el curso en julio y **al** mes **siguiente** encontró trabajo.

HABLAR DE LA DURACIÓN

● Vivo en Santander **desde** febrero.
● Estuve en casa de Alfredo **hasta** las seis de la tarde.
● Trabajé en un periódico **de** 1996 **a** 1998. (= **del** 96 **al** 98)
● Trabajé como periodista **durante** dos años.

IR/IRSE

● El domingo **fui** a una exposición muy interesante.
● Llegó a las dos y, media hora más tarde, **se fue***.

! * **Irse** = abandonar un lugar

5. UNA HISTORIA DE AMOR

A. Ordena esta historia de amor.

Un mes más tarde, pasaron un fin de semana en la playa y decidieron irse a vivir juntos.

Durante ese tiempo, en el hospital, Rosa se hizo muy amiga del doctor Urquijo, el médico de Álex.

Dos días después, la llamó, quedaron, fueron al cine y cenaron juntos.

El 3 de mayo de 1999, Álex conoció a Rosa en una discoteca. Se enamoraron a primera vista.

El 8 de junio de 1999, Álex tuvo un accidente, perdió la memoria y se quedó dos años en coma en un hospital.

En 2001, un día Rosa fue al hospital con su amiga Beatriz. Ese día Álex finalmente se despertó y cuando vio a Beatriz se enamoró de ella.

B. ¿Qué crees que pasó después? En parejas, escribid un final para la historia.

6. TODA UNA VIDA

A. Guillermo es un chico argentino que vive en España. Escucha lo que cuenta sobre su vida y escribe qué hizo en cada uno de estos lugares.

1. París (1995-1997):

2. Argentina (1997-1999):

3. Barcelona (1999-2001):

4. California (2001-2003):

B. Ahora, escribe los nombres de los tres lugares más importantes de tu vida y, luego, explícale a un compañero por qué son importantes para ti.

- Los tres lugares más importantes de mi vida son París, porque es donde nací, Londres, porque es donde conocí a mi marido, y...

7. EL CHE

A. Ernesto Guevara se ha convertido en una de las figuras más conocidas del mundo latino. ¿Sabes algo de su vida? En parejas, intentad imaginar cuáles de las siguientes cosas son verdad. Márcalas.

☐ Nació en Cuba.

☐ Estudió y ejerció la Medicina.

☐ Conoció a Fidel Castro en México.

☐ No aceptó nunca cargos políticos en el gobierno de Castro.

☐ Participó en movimientos revolucionarios de diferentes países de Sudamérica y África.

☐ Murió a los 60 años en un accidente de tráfico.

☐ En 2004, el actor mexicano Gael García Bernal protagonizó una película sobre la juventud del "Che Guevara".

- ¿Crees que nació en Cuba?
- No sé, no estoy muy seguro, pero…

B. Lee ahora esta breve biografía del "Che Guevara" y comprueba tus hipótesis.

Ernesto Guevara, mundialmente conocido como *"Che Guevara"* o *"El Che"*, nació en Rosario, Argentina, en 1928. A los 9 años se trasladó con su familia a Buenos Aires, donde estudió Medicina. Su juventud estuvo marcada por sus viajes. En 1952 emprendió junto a un amigo su primer gran viaje por América Latina. Su paso por Chile, Bolivia, Perú y Colombia y su contacto directo con la difícil realidad social de la zona fueron una experiencia determinante para consolidar su ideología revolucionaria. Este joven "Che" es el que retrata la película *Diarios de motocicleta* protagonizada por el actor mexicano Gael García Bernal en 2004. En 1953, cuando terminó sus estudios, dejó Argentina y partió hacia Centroamérica, donde apoyó los movimientos revolucionarios de Guatemala y Costa Rica. En 1955, trabajó de médico en México y allí conoció a Fidel Castro. A partir de ese momento y durante diez años, la vida del "Che" estuvo totalmente dedicada a Cuba: participó en la Revolución, obtuvo la nacionalidad cubana, fue comandante del ejército, ministro en dos ocasiones y representó a Cuba en diferentes foros internacionales. En 1965 abandonó su trabajo en Cuba para volver a la clandestinidad y dedicarse por completo a la lucha activa, primero en África y, luego, de nuevo, en Sudamérica. Fue allí, en Bolivia, donde encontró la muerte: en 1967, el ejército boliviano lo apresó, lo fusiló y enterró su cuerpo en algún lugar de la selva. En 1997, se descubrieron sus restos y su tumba se encuentra desde entonces en Cuba, el país que lo ha considerado siempre un héroe nacional..

8. TU BIOGRAFÍA

A. Imagina que estamos en el año 2025 y que tienes que escribir tu biografía. Escríbela pensando en tu pasado, pero también en todos los proyectos que tienes y en las cosas que quieres hacer. Ten en cuenta que en los próximos años puede haber muchos cambios (políticos, tecnológicos, sociales, etc.).

Nací en Hamburgo en 1982. Terminé mis estudios de Arte Dramático en Londres en 2004. Dos años después, Pedro Almodóvar me contrató para una película y al año siguiente recibí mi primer Óscar. En Hollywood conocí a Leonardo di Caprio y en 2010 nos casamos. Fuimos de luna de miel a Marte…

B. Ahora, cada uno de vosotros va a leer su biografía a los demás. Al final, entre todos vamos a decidir quién ha tenido la vida más interesante.

9. BREVE HISTORIA DEL CINE ESPAÑOL

A. Lee esta breve historia del cine español y elige uno de los títulos de la derecha para cada párrafo.

El primer cinematógrafo llegó a España en 1896. Durante los años 10 Barcelona fue el centro de la producción cinematográfica. Sin embargo, a partir de los años 20, la industria se trasladó a Madrid. En esta década se rodaron clásicos como *La verbena de la Paloma* (1921), protagonizada por Florián Rey (el "Rodolfo Valentino" español), o *Un perro andaluz* (1928) de Luis Buñuel, rodada en París en plena época surrealista.

Con la llegada del cine sonoro empezó una época dorada, con películas como *Nobleza baturra* o *Don Quintín el amargao* (ambas de 1935) y con actores como Imperio Argentina o Angelillo. La Guerra Civil (1936-1939) interrumpió estos años de gran actividad. Durante la guerra, ambos bandos utilizaron el cine como medio de propaganda bélica.

Tras la guerra, muchos cineastas tuvieron que exiliarse. Durante el franquismo, las producciones estuvieron muy controladas por la censura, por lo que se rodaron sobre todo comedias sentimentales y folclóricas. Sin embargo, a partir de 1950, surgió un movimiento realista con directores como Luis García Berlanga o Juan Antonio Bardem. Ambos tuvieron la capacidad de expresar, bajo una apariencia cómica, la triste realidad española de la época. A principios de los 60, tuvieron mucho éxito comedias típicamente españolas con actores tan característicos como Paco Martínez Soria, Gracita Morales o Concha Velasco.

El cine español sufrió una gran crisis durante los años 70. Paralelamente, la televisión se convirtió en un aparato cada vez más habitual en los hogares españoles. Sin embargo, en estos años se rodaron buenas películas, como *El espíritu de la colmena* (1973) de Víctor Erice o *Cría cuervos* (1975) de Carlos Saura. Con la democracia llegó el "destape", un tipo de cine, entre cómico y erótico, que tuvo mucho éxito.

Los años 80 vieron nacer a uno de los grandes genios del cine español contemporáneo: Pedro Almodóvar. Su cine, irónico y grotesco, sentó las bases de lo que se llamó "comedia madrileña", uno de los géneros más característicos de la década de los 80. Películas como *Sal gorda* (1984) de Fernando Trueba o *Mujeres al borde de un ataque de nervios* (1988) de Almodóvar son ejemplos representativos de esta corriente.

Hoy en día, el cine español goza de prestigio internacional. Directores como José Luis Garci, Pedro Almodóvar o Fernando Trueba ya tienen algún Oscar, Penélope Cruz y Antonio Banderas son estrellas de Hollywood, y la presencia del cine español va en aumento en todo el mundo. Al mismo tiempo, han aparecido directores de gran éxito, como Álex de la Iglesia, Julio Medem o Alejandro Amenábar, que garantizan el futuro.

LA COMEDIA MADRILEÑA

EL CINE MUDO

EL CINE ESPAÑOL EN LA ACTUALIDAD

EL CINE ESPAÑOL DURANTE LA DICTADURA

EL "DESTAPE" Y EL CINE DE AUTOR

EL CINE SONORO Y LA GUERRA CIVIL

B. ¿De cuál de las anteriores épocas crees que son estas películas? Coméntalo con tus compañeros.

C. ¿Sabéis muchas cosas sobre el cine de vuestro país? Entre todos, reunid la información que le explicaríais a un extranjero.

MÁS
EJERCICIOS

• Este es tu "cuaderno de ejercicios". En él encontrarás actividades diseñadas para fijar y entender mejor cuestiones gramaticales y léxicas. Estos ejercicios se pueden realizar individualmente, pero también los puede usar el profesor en clase cuando considere oportuno reforzar un determinado aspecto.

• También puede resultar interesante hacer estas actividades con un compañero de clase. Piensa que no solo aprendemos cosas con el profesor; en muchas ocasiones, reflexionar con un compañero sobre cuestiones gramaticales te puede ayudar mucho.

1. NOSOTROS

1. Relaciona los verbos con los iconos correspondientes.

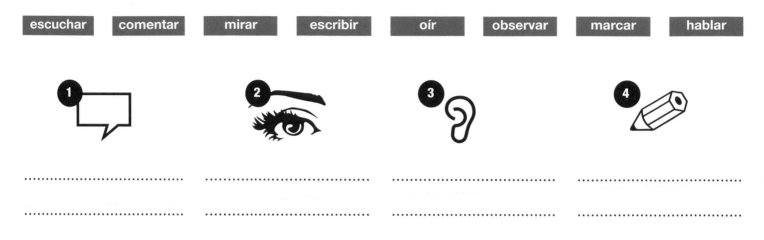

| escuchar | comentar | mirar | escribir | oír | observar | marcar | hablar |

1 | **2** | **3** | **4**

....

....

2. ¿Quién crees que puede decir las siguientes frases: él o ella? Márcalo.

■■■	ÉL	ELLA
1. Soy Julia.		
2. Tengo 48 años.		
3. Soy informática.		
4. Soy español.		
5. Me llamo Marcos.		
6. Soy española.		
7. Tengo 26 años.		
8. Soy profesor de francés.		
9. ¿Mis aficiones? El mar.		
10. ¿Mis aficiones? La música.		

3. ¿Qué número se menciona en cada diálogo?

- ☐ 917802021
- ☐ 10168113
- ☐ 647805511
- ☐ 917302201
- ☐ 10188
- ☐ 11611703
- ☐ 11811

1. ● ¿Tienes el móvil de Sofía?
   ○ Sí, es el seis, cuatro, siete, ochenta, cincuenta y cinco, once.

2. ● ¿Sabes cuál es el número de información telefónica?
   ○ ¡Uy! Ahora hay muchos, prueba el once, ocho, once, o el...

3. ● Su número del carné de identidad, por favor.
   ○ Sí, es el once, sesenta y uno, diecisiete, cero, tres.

4. ● Necesitas un código de acceso de cinco cifras, fácil de recordar.
   ○ Pues... uno, cero, uno, ocho, ocho; es mi fecha de nacimiento.

5. ● ¿Tienes el número de TeleBurger?
   ○ Sí, es el noventa y uno, siete, ochenta, veinte, veintiuno.

6. ● Un número de contacto, por favor.
   ○ Sí, el de la oficina, es noventa y uno, siete, treinta, veintidós, cero, uno.

7. ● Su número de cuenta, por favor.
   ○ Un momento, sí, aquí está: uno, cero, uno, seis, ocho, uno, uno, tres.

4. Continúa esta serie de números con tres números más.

1. tres, seis, nueve, ...

2. doce, catorce, dieciséis, ...

3. treinta, cuarenta, cincuenta, ...

    ....

4. veinte, treinta y cinco, cincuenta, ...

    ....

5. noventa y dos, ochenta y dos, setenta y dos, ...

    ....

6. seis, doce, dieciocho, ...

5. Busca palabras en español que empiecen por las siguientes letras. Asegúrate de que las entiendes.

b ....   n ....
d ....   p ....
f ....   r ....
j ....   t ....
l ....   v ....

6. El recepcionista de un hotel te pide tus datos. Completa la conversación.

● Hola, buenos días.

○ Hola.

● Su nombre, por favor.

○ ....

● ¿Nacionalidad?

○ ....

● ¿Profesión?

○ ....

● Muchas gracias.

○ De nada. Hasta luego.

● Adiós.

7. ¿En qué profesiones se utilizan estas cosas?

policía   carpintero/a   futbolista
jardinero/a   médico/a   mecánico/a   albañil
cocinero/a   cantante   informático/a

1. ....

2. ....   3. ....

4. ....   5. ....

6. ....   7. ....

8. ....

9. ....   10. ....

8. ¿Dónde trabaja cada uno? Relaciona las dos columnas. En algunos casos hay más de una posible combinación.

un profesor

un mecánico

un enfermero

en

un camarero

un dependiente

un colegio

una tienda

un restaurante

un hospital

un taller

una escuela de idiomas

un bar

9. Completa las preguntas con las palabras que faltan.

1. ● ¿ .... qué te dedicas?
   ○ Soy estudiante.

2. ● ¿ .... te llamas?
   ○ Alberto.

3. ● ¿ .... años tienes?
   ○ 25.

4. ● ¿ .... dónde eres?
   ○ Soy holandés.

5. ● ¿ .... se escribe "banco"? ¿Con "b" o con "v"?
   ○ Con "b".

6. ● ¿ .... se dice *hello* en español?
   ○ Hola.

7. ● ¿ .... mexicano?
   ○ No, soy español.

8. ● ¿ .... significa "gracias"?
   ○ *Thank you.*

10. ¿De dónde proceden estas cosas? Escribe al lado de cada cosa la nacionalidad que crees que le corresponde.

brasileño/a   italiano/a   portugués/esa

estadounidense   ruso/a   argentino/a

japonés/esa   francés/esa   español/a

indio/a

1. el tango: argentino
2. el queso Camembert: ....
3. la pizza: ....
4. el curry: ....
5. el vodka: ....
6. la coca-cola: ....
7. la bossa nova: ....
8. el fado: ....
9. el sushi: ....
10. la paella: ....

11. Completa las siguientes palabras con las sílabas necesarias para formar los nombres de diez países latinoamericanos.

_____ XI _____

_____ GEN _____ _____

VE _____ _____ _____

BO _____ _____

GUA _____ _____ _____

_____ BA

_____ CUA _____

HON _____ _____

CHI _____

12. Estas son las respuestas de Oliver, un estudiante de español, a una serie de preguntas personales. ¿Cuáles pueden ser las preguntas? ¿Y con la forma usted?

Oliver, Oliver G. Weigle.
Soy austríaco, de Salzburgo.
35 años.
Soy pintor y escultor.
Sí, es oliver2345@yahoo.de.
Sí, es un móvil: 616 331 977.

TÚ	USTED
....	....
....	....
....	....
....	....
....	....
....	....

2. QUIERO APRENDER ESPAÑOL

1. Escribe las formas que faltan.

	escuchar	trabajar	comprar
(yo)	escucho	....	compro
(tú)	....	trabajas	....
(él/ella/usted)	escucha	....	compra
(nosotros/nosotras)	....	trabajamos	....
(vosotros/vosotras)	escucháis	....	compráis
(ellos/ellas/ustedes)	....	trabajan	....

2. Fíjate en el verbo **comer** y escribe las formas de los verbos **leer** y **aprender**.

	comer	leer	aprender
(yo)	como	....	....
(tú)	comes	....	....
(él/ella/usted)	come	....	....
(nosotros/nosotras)	comemos	....	....
(vosotros/vosotras)	coméis	....	....
(ellos/ellas/ustedes)	comen	....	....

3. Coloca las formas verbales al lado del pronombre correspondiente.

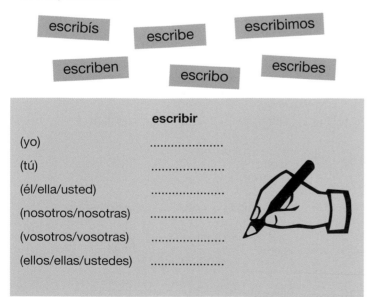

escribís   escribe   escribimos
escriben   escribo   escribes

	escribir
(yo)	....
(tú)	....
(él/ella/usted)	....
(nosotros/nosotras)	....
(vosotros/vosotras)	....
(ellos/ellas/ustedes)	....

4. a. ¿A qué persona corresponden estas formas verbales? Escribe el pronombre personal de sujeto al lado de cada forma.

quieres: tú

leéis: ....
hace: ....
ven: ....
tengo: ....
conozco: ....
aprendemos: ....
hablas: ....

leen: ....
escribís: ....
tenéis: ....
hago: ....
ve: ....
queremos: ....
vives: ....

b. ¿Cuál es el Infinitivo de los verbos anteriores? Clasifícalos en regulares o irregulares.

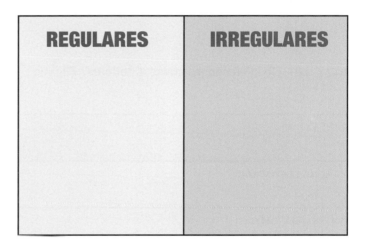

REGULARES	IRREGULARES

5. Relaciona los verbos con los elementos del cuadro. En algunos casos hay más de una posibilidad de relación.

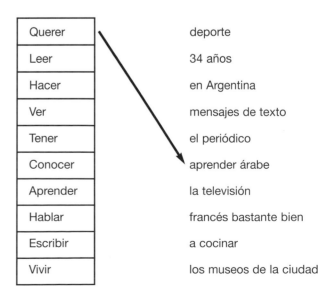

Querer	deporte
Leer	34 años
Hacer	en Argentina
Ver	mensajes de texto
Tener	el periódico
Conocer	aprender árabe
Aprender	la televisión
Hablar	francés bastante bien
Escribir	a cocinar
Vivir	los museos de la ciudad

6. a. ¿Interesa o interesan?

1. A mí no me .... el fútbol.

2. A nosotros nos .... aprender español.

3. A Juan no le .... las matemáticas.

4. A mis compañeros no les .... el flamenco.

5. ¿Te .... los toros?

6. ¿No os .... la gramática?

7. ¿A ti te .... la política?

8. A Alberto le .... los deportes.

9. A ellos les .... los idiomas.

10. ¿Os .... el jazz?

b. ¿Y a ti? ¿Te interesan las cosas anteriores? Escribe frases.

1. El fútbol:
2. Aprender español:
3. Las matemáticas:
4. El flamenco:
5. Los toros:
6. La gramática:
7. La política:
8. Los deportes:
9. Los idiomas:
10. El jazz:

7. Relaciona los elementos de los dos cuadros para construir frases lógicas.

1. ☐   ☐ 4.
2. ☐   ☐ 5.
3. ☐   ☐ 6.

1. Quiero aprender español para...
2. Quiero vivir con una familia española para...
3. Quiero ir a México para...
4. Quiero visitar el Museo del Prado porque...
5. Quiero ver películas en España porque...
6. Quiero comprar muchos discos porque...

A. ... me interesa el cine español.
B. ... quiero ver los cuadros de Goya.
C. ... me interesa mucho la música en español.
D. ... visitar el Museo Frida Kahlo.
E. ... hablar con mi amigo de Argentina.
F. ... practicar español en casa.

8. ¿Qué artículos acompañan a las siguientes palabras?

el   la   los   las

1. .... ciudad
2. .... museos
3. .... historia
4. .... cine
5. .... guitarra
6. .... literatura
7. .... teatro
8. .... gramática
9. .... gente
10. .... playas
11. .... toros
12. .... música
13. .... pueblos
14. .... comida
15. .... arte
16. .... política
17. .... naturaleza
18. .... estudiantes
19. .... aula
20. .... canciones

9. Nina va a pasar el fin de semana con su mejor amiga, Isabel, que vive en otra ciudad, y le escribe para decirle qué quiere hacer. Completa el correo con las preposiciones adecuadas (recuerda: **a + el = al**).

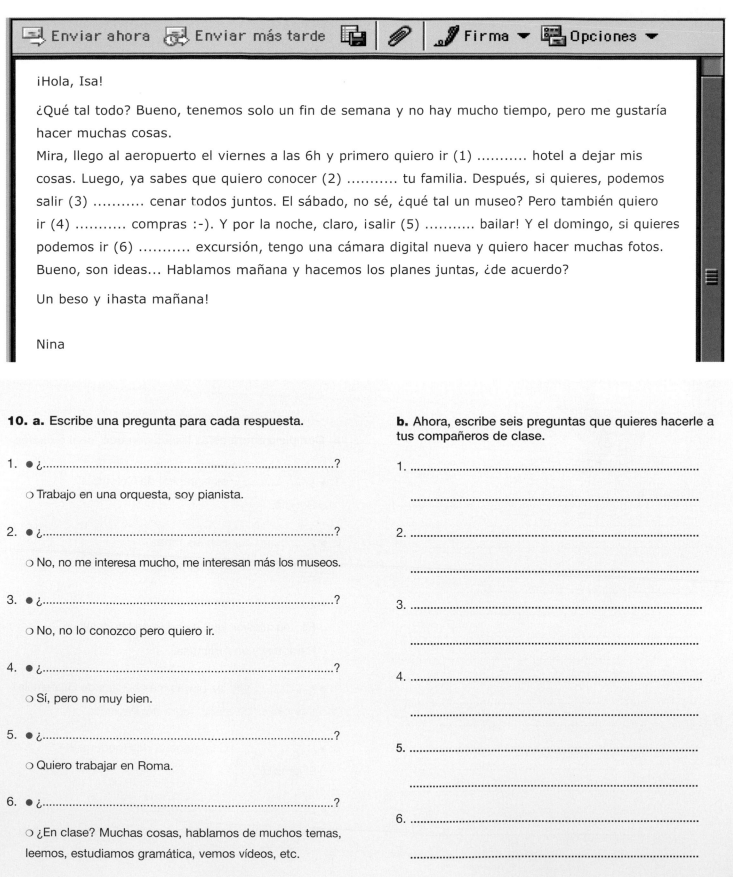

⬜→ Enviar ahora 🖥 Enviar más tarde 📇 🖉 | 🖊 Firma ▼ 🖳 Opciones ▼

¡Hola, Isa!

¿Qué tal todo? Bueno, tenemos solo un fin de semana y no hay mucho tiempo, pero me gustaría hacer muchas cosas.

Mira, llego al aeropuerto el viernes a las 6h y primero quiero ir (1) .... hotel a dejar mis cosas. Luego, ya sabes que quiero conocer (2) .... tu familia. Después, si quieres, podemos salir (3) .... cenar todos juntos. El sábado, no sé, ¿qué tal un museo? Pero también quiero ir (4) .... compras :-). Y por la noche, claro, ¡salir (5) .... bailar! Y el domingo, si quieres podemos ir (6) .... excursión, tengo una cámara digital nueva y quiero hacer muchas fotos. Bueno, son ideas... Hablamos mañana y hacemos los planes juntas, ¿de acuerdo?

Un beso y ¡hasta mañana!

Nina

10. a. Escribe una pregunta para cada respuesta.

1. ● ¿...?

   ○ Trabajo en una orquesta, soy pianista.

2. ● ¿...?

   ○ No, no me interesa mucho, me interesan más los museos.

3. ● ¿...?

   ○ No, no lo conozco pero quiero ir.

4. ● ¿...?

   ○ Sí, pero no muy bien.

5. ● ¿...?

   ○ Quiero trabajar en Roma.

6. ● ¿...?

   ○ ¿En clase? Muchas cosas, hablamos de muchos temas, leemos, estudiamos gramática, vemos vídeos, etc.

b. Ahora, escribe seis preguntas que quieres hacerle a tus compañeros de clase.

1. ....

....

2. ....

....

3. ....

....

4. ....

....

5. ....

....

6. ....

....

3. ¿DÓNDE ESTÁ SANTIAGO?

1. Observa el mapa y construye frases con **hay, es/son, está/están**.

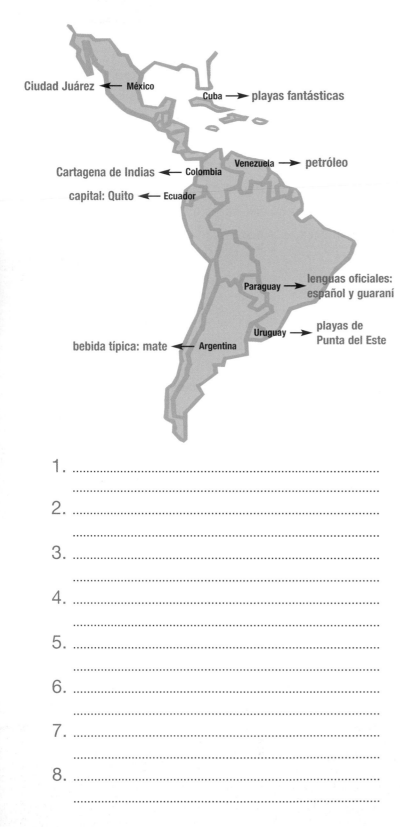

Ciudad Juárez ← México

Cuba → playas fantásticas

Cartagena de Indias ← Colombia

Venezuela → petróleo

capital: Quito ← Ecuador

Paraguay → lenguas oficiales: español y guaraní

Uruguay → playas de Punta del Este

bebida típica: mate ← Argentina

1. ....
....
2. ....
....
3. ....
....
4. ....
....
5. ....
....
6. ....
....
7. ....
....
8. ....
....

2. Escribe una pregunta posible para cada respuesta.

1. • ....
   ○ En África.

2. • ....
   ○ Templado.

3. • ....
   ○ ¿Elefantes? ¡No!

4. • ....
   ○ El portugués.

5. • ....
   ○ El peso mexicano.

6. • ....
   ○ Es una bebida.

7. • ....
   ○ La Habana.

8. • ....
   ○ Cuatro. El castellano, el catalán, el vasco y el
     gallego.

9. • ....
   ○ Un plato típico español.

3. Completa ahora estas frases con **qué, cuál** o **cuáles**.

1. • ¿ .... es la capital de Colombia?
   ○ Bogotá.

2. • ¿ .... son las tapas?
   ○ Pequeñas raciones de comida.

3. • ¿ .... es el mate?
   ○ Es una infusión que se bebe en Uruguay, en
     Paraguay y en Argentina.

4. • ¿................ son las playas más bonitas de Guatemala?
   ○ Las playas de arena negra del Pacífico.

5. • ¿.................... es la moneda de Honduras?
   ○ El lempira.

6. • ¿.................... es el Aconcagua?
   ○ La montaña más alta de América. Está en Argentina.

4. Sigue el modelo y construye frases usando el superlativo.

Ciudad de México / la ciudad / grande / México
Ciudad de México es la ciudad más grande de México.

1. El Pico Bolívar / la montaña / alta / Venezuela

....

2. Cuba / la isla / grande / el Caribe

....

3. El flamenco / el tipo de música / conocido / España

....

4. El Hierro / la isla / pequeña / las Canarias

....

5. La Paz / la capital / alta / el mundo

....

5. ¿Cómo es el clima en estos países? Escribe frases.

llueve mucho	no llueve mucho
hace mucho frío y nieva	tiene un clima tropical
el clima es templado	hace calor y no llueve
hay muchos climas diferentes	

En Gran Bretaña llueve mucho.
....

....

....

....

....

....

....

6. Completa las frases con estas palabras.

1. El Nilo es el .... más largo de África.

2. Cuba es una .... del Caribe.

3. El Everest es la .... más alta del mundo.

4. Bilbao es una .... del norte de España.

5. El .... de Rotterdam es el más grande de Europa.

6. La .... de los Andes está en Sudamérica.

7. Portugal está al oeste de la .... Ibérica.

8. Las .... de Iguazú están en la frontera entre Argentina y Brasil.

7. Completa el siguiente texto sobre el clima en España con **muy, mucho, muchos, muchas**.

España es un país con .... climas diferentes. En la zona mediterránea, los veranos son .... secos, no llueve .... y no hace frío. En el norte, en general, llueve .... y las temperaturas son suaves. En el interior, las temperaturas son más extremas: los veranos son .... calurosos y los inviernos .... fríos. En .... zonas del sur, llueve .... poco durante todo el año y en verano hace .... calor.

4. ¿CUÁL PREFIERES?

1. Completa el cuadro con las formas que faltan.

	tener	preferir
(yo)	tengo	....
(tú)	....	....
(él/ella/usted)	....	....
(nosotros/nosotras)	....	....
(vosotros/vosotras)	....	preferís
(ellos/ellas/ustedes)	....	....

2. Coloca las formas verbales al lado del pronombre correspondiente.

	ir	
		vas
(yo)	....	vais
(tú)	....	
(él/ella/usted)	....	voy
(nosotros/nosotras)	....	va
(vosotros/vosotras)	....	vamos
(ellos/ellas/ustedes)	....	van

3. ¿Qué lleva Elisa en la maleta? Escríbelo.

Una falda amarilla, ...

....

....

....

....

....

4. Relaciona los elementos de las dos columnas para formar el nombre de varios objetos.

carné	de pelo
gafas	de ducha
gel	de playa
pasta	de identidad
secador	de crédito
tarjeta	de sol
toalla	de dientes

5. ¿Qué ropa usas en cada caso? Escríbelo.

PARA TRABAJAR	PARA IR A CLASE	PARA DORMIR
....	....	....
....	....	....
....	....	....

PARA ESTAR EN CASA	PARA IR AL TEATRO	PARA VIAJAR
....	....	....
....	....	....
....	....	....

6. Escribe estas cifras en letras.

456 €: *cuatrocientos cincuenta y seis euros*

267 €: ....

876 £: ....

745 $: ....

578 €: ....

934 £: ....

888 €: ....

134 £: ....

193 $: ....

934 £: ....

7. Completa estos diálogos con las palabras o expresiones que faltan.

1. ● Buenos días. ¿ .... bolígrafos?

   ○ ¿Bolígrafos? No, no tenemos.

2. ● Buenos días, ... unos pantalones cortos.

   ○ ¿ ....?

   ● Negros o azules.

3. ● Perdone, ¿cuánto .... estos zapatos?

   ○ 74 euros.

4. ● Esta mochila roja, ¿cuánto ....?

   ○ 50 euros.

   ● ¿Y esta verde?

   ○ 40 euros.

   ● Pues .... la verde.

8. Marta pregunta los precios de muchas cosas. ¿Qué frases usa? Escríbelo.

☞ ¿Cuánto	cuesta	este / esta	traje/s de baño? sandalias? paraguas?
	cuestan	estos / estas	zapatos? mochila/s? suéter/s? biquini/s?

1

¿Cuánto cuestan estas camisetas?
....

2

....

3

....

4

....

5

....

6

....

7

....

8

....

9. Escribe en letras los números que faltan.

100	....	1000	mil
101	ciento un/a	1012	mil doce
102	....	1150	mil ciento cincuenta
110	ciento diez	1456	....
120	....	10 000	diez mil
160	ciento sesenta	10 013	....
200	doscientos/as	10 870	diez mil ochocientos/as setenta
244	....	20 000	....
300	trescientos/as	70 345	....
310	....		
400	cuatrocientos/as	100 000	cien mil
500	quinientos/as	400 000	....
566	....	489 000	....
600	seiscientos/as	1 000 000	un millón
700	setecientos/as	1 010 000	un millón diez mil
766	....	1 120 000	....
800	ochocientos/as	3 444 000	tres millones cuatrocientos/as cuarenta y cuatro mil
888	....		
900	novecientos/as	7 500 029	....
999	....		

10. Completa el siguiente crucigrama con vocabulario de ropa, calzado y complementos.

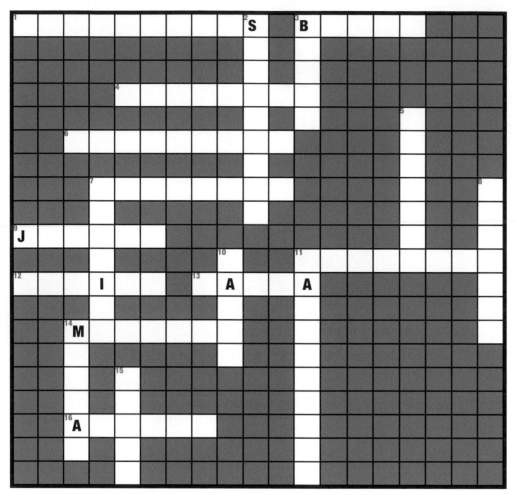

HORIZONTALES

1. Se llevan en las piernas. Los llevan hombres y mujeres. Pueden ser largos y cortos.

3. Es de cuero, tela o plástico. Se usa para llevar cosas. Lo usan más las mujeres.

4. Puede ser de diferentes tipos, pero siempre con mangas. La llevan hombres y mujeres en la parte superior del cuerpo, encima de la camisa o el jersey.

6. Son un tipo de calzado. Se llevan en los pies, en verano: dejan los dedos al descubierto.

7. Son unos pantalones de tejido muy grueso y resistente. Los llevan hombres y mujeres. El color clásico es el azul.

9. En general, es de lana y tiene mangas. Lo llevan hombres y mujeres. Es para el invierno, aunque también puede ser más fino y usarse en otras épocas del año.

11. Es una prenda muy simple, de algodón, con o sin mangas, sin botones ni cremalleras. Pueden tener estampados diversos. Se pone en la parte superior del cuerpo.

12. Es una prenda que se usa en la parte superior del cuerpo. Tiene botones en la parte delantera, cuello y mangas (largas o cortas).

13. Puede ser corta o larga y normalmente la llevan las mujeres. Cubre de la cintura hacia abajo.

14. Es un tipo de bolso que se lleva a la espalda. Algunas son muy grandes, para viajar.

16. Es una prenda que se lleva por encima de todas las demás cuando hace frío. Puede ser más o menos larga y estar hecha de diferentes materiales.

VERTICALES

2. Es una prenda íntima femenina. Se lleva en el pecho.

3. Es un tipo de calzado adecuado para el frío y para la lluvia: no protege solamente los pies sino también parte de la pierna. (Plural)

5. Protegen las manos del frío.

7. Es algo así como una blusa y una falda juntas, todo en una sola pieza. Lo llevan solamente las mujeres.

8. Lo usamos para ir a la playa o a la piscina.

10. Las usamos para proteger los ojos del sol, pero hay otras que son para ver mejor.

11. Sirven para mantener los pies calientes, y no son calzado. Pueden ser de lana, algodón o fibras sintéticas.

14. Es la parte del jersey, la chaqueta o la camisa que cubre los brazos. (Plural)

15. Es un tipo de sombrero sin ala y con una visera. Se usa mucho en algunos deportes, como, por ejemplo, el béisbol.

11. Completa los siguientes diálogos con las formas adecuadas de **tener** o **tener que**.

1. ● (yo) .... ir a la farmacia, ¿necesitas algo?

   ○ No, gracias.

2. ● ¿(tú) .... un secador de pelo?

   ○ Yo no, pero creo que Teresa .... uno.

3. ● ¿Sabes que en octubre nos vamos de viaje a Suiza?

   ○ ¿Sí? ¡Qué bien! Pero (vosotros) .... llevar mucha ropa de abrigo, que allí hace mucho frío.

4. ● (Nosotros) .... preparar la excursión de este fin de semana. A ver,

   ¿qué cosas .... y qué .... comprar?

   ○ Yo .... una tienda de campaña y creo que Miguel y Ana .... varios sacos de dormir.

   ● Estupendo. ¿Qué más necesitamos?

12. Separa y ordena las intervenciones de dos conversaciones que tienen lugar en tiendas diferentes.

Sí, tenemos todos estos.

62 euros; no son caras.

30 euros; muy barato.

¿Tienen paraguas?

¿Cuánto cuesta este azul?

¿Cuánto cuestan estas negras?

¿Tienen gafas de sol?

A ver... Sí, perfecto, me quedo estas.

A ver... Sí, perfecto, me quedo este.

Sí, tenemos todas estas.

conversación 1

¿Tienen gafas de sol?

....
....
....
....
....

conversación 2

....
....
....
....
....
....

5. TUS AMIGOS SON MIS AMIGOS

1. Relaciona los siguientes adjetivos de carácter con la descripción correspondiente.

1. cariñoso	3. organizado	5. optimista	7. sociable
2. amable	4. competitivo	6. creativo	8. tranquilo

a. Le gusta conocer gente nueva.

b. Le gusta ganar siempre, ser el primero en todo.

c. Le gusta inventar cosas, encontrar nuevas ideas, imaginar, etc.

d. Le gusta hacer planes para todo y tener las cosas en orden.

e. Le gusta mostrar el afecto que siente por los demás.

f. Le gusta ver el lado positivo de la vida.

g. No le gustan las prisas ni hacer las cosas con nerviosismo.

h. Le gusta complacer a los demás.

1.	2.	3.	4.	5.	6.	7.	8.

2. ¿A qué se refieren estas personas? Fíjate en si usan **gusta** o **gustan**.

1. No me gustan mucho.
   - ☐ a) las fiestas
   - ☐ b) el flamenco

2. Me gusta mucho.
   - ☐ a) las películas de acción
   - ☐ b) el cine

3. Me encantan.
   - ☐ a) pasear con mi perro
   - ☐ b) los perros

4. No me gusta nada.
   - ☐ a) bailar
   - ☐ b) las discotecas

5. Sí, sí que me gusta.
   - ☐ a) la música étnica
   - ☐ b) los bocadillos de calamares

6. Me gusta, me gusta.
   - ☐ a) esta escuela
   - ☐ b) las clases de español

3. Lee de nuevo los textos de la actividad 2 (pág. 43). Ahora, escribe tú un texto parecido con tu descripción.

4. Lee la siguiente descripción de Amelia. ¿Os parecéis? Contrasta sus gustos con los tuyos.

Amelia

1. Le gusta ir a la playa en invierno.

....

2. Le gusta tener siempre flores en casa.

....

3. Le encanta escuchar música clásica.

....

4. Le encanta caminar descalza en casa.

....

5. Le gusta hablar con los animales.

....

6. Le encanta observar a desconocidos e imaginar sus vidas.

....

7. Le gusta ponerse colonia de hombre para salir.

....

8. Le gusta ver la televisión sin volumen.

....

5. Continúa estos diálogos.

1. A Hugo le gusta mucho la música brasileña.

☻ Juan   A mí también.

☹ Luisa   ....

☹ Mercedes ....

2. A mi prima le encanta dormir hasta tarde los domingos por la mañana.

☹ Juan   ....

☻ Luisa   ....

☻ Mercedes ....

3. A mis padres no les gusta nada la televisión.

☹ Juan   ....

☻ Luisa   ....

☻ Mercedes ....

4. A mí no me interesa mucho la política.

☻ Juan   ....

☹ Luisa   ....

☹ Mercedes ....

6. ¿Consideras que eres una persona con los gustos "típicos" de tu país? Escribe cinco frases hablando de diferentes temas de interés: deporte, ocio, televisión, comidas, bebidas, vacaciones…

A la gente, en general, le gusta mucho el fútbol, pero a mí no me gusta nada.

1. ....

....

2. ....

....

3. ....

....

4. ....

....

5. ....

....

7. Elige a cinco personas de esta lista y escribe una frase sobre cada una de ellas.

| le gusta... | tiene... | se llama... | vive... | es... |

(A) Mi padre
(A) Mi madre
(A) Mi hermano/a (...)
(A) Mi tío/a (...)
(A) Mi abuelo/a (...)
(A) Mi novio/a
(A) Mi amigo/a (...)
(A) Mi jefe/a
(A) Mi compañero/a de piso

1. ....
2. ....
3. ....
4. ....
5. ....

8. Completa las siguientes frases con los posesivos adecuados: **mi/mis/tu/tus/su/sus.**

1. ● Mira. Te presento a .... hermana, Pilar. Está aquí de vacaciones unos días.
   ○ Hola, ¿qué tal?

2. ● ¿Cuándo es .... cumpleaños?
   ○ El 3 de mayo.
   ● ¡Anda! ¡Eres tauro, como yo!

3. ● ¿Qué vas a hacer este año por Navidad?
   ○ Pues nada especial: descansar y pasar más tiempo con .... padres.

4. ● ¿Entonces Antonio no viene a esquiar?
   ○ No. ¿No lo sabes? Es que .... novia está enferma y prefiere quedarse a cuidarla.

5. ● ¿Cuáles son .... dos grupos favoritos de música?
   ○ Pues... U2 y Nirvana. ¿Y los tuyos?

6. ● ¿Qué tal con Ana? ¿Ya vivís juntos?
   ○ Bueno... Yo quiero irme a vivir con ella, pero ella prefiere vivir con .... padres unos meses más.

9. a. Mira el árbol genealógico de la familia de Paco y de Lucía. ¿Puedes adivinar quién habla en cada caso?

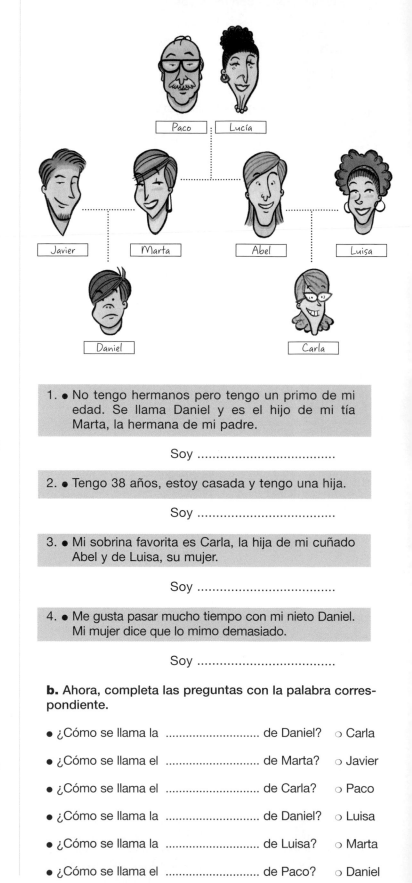

1. ● No tengo hermanos pero tengo un primo de mi edad. Se llama Daniel y es el hijo de mi tía Marta, la hermana de mi padre.

   Soy ....

2. ● Tengo 38 años, estoy casada y tengo una hija.

   Soy ....

3. ● Mi sobrina favorita es Carla, la hija de mi cuñado Abel y de Luisa, su mujer.

   Soy ....

4. ● Me gusta pasar mucho tiempo con mi nieto Daniel. Mi mujer dice que lo mimo demasiado.

   Soy ....

b. Ahora, completa las preguntas con la palabra correspondiente.

● ¿Cómo se llama la .... de Daniel?   ○ Carla

● ¿Cómo se llama el .... de Marta?   ○ Javier

● ¿Cómo se llama el .... de Carla?   ○ Paco

● ¿Cómo se llama la .... de Daniel?   ○ Luisa

● ¿Cómo se llama la .... de Luisa?   ○ Marta

● ¿Cómo se llama el .... de Paco?   ○ Daniel

6. DÍA A DÍA

1. Observa cómo se conjuga el verbo **dormir**. ¿Puedes conjugar ahora los verbos **volver** y **acostarse**? Recuerda que uno termina en **-er** y el otro en **-ar**.

	dormir	volver	acostarse
(yo)	duermo	....	....
(tú)	duermes	....	....
(él/ella/usted)	duerme	....	....
(nosotros/nosotras)	dormimos	....	....
(vosotros/vosotras)	dormís	....	....
(ellos/ellas/ustedes)	duermen	....	....

2. ¿Cuál es el Infinitivo de estos verbos?

tengo	empieza ....
quiero	prefieren ....
vuelve	vas ....
pido	salgo ....
pongo	hago ....

3. Completa estas frases con **de**, **del**, **por** o **a**.

1. Tengo que ir al dentista .... las siete.

2. Normalmente salgo con mis amigos .... la noche.

3. Mi avión sale .... las seis .... la tarde.

4. ¿Vas a casa .... mediodía?

5. .... la mañana no trabajo.

6. Muchas veces, los fines de semana vuelvo a casa

   .... las seis .... la mañana.

7. Normalmente como .... las dos .... mediodía.

8. Las clases empiezan .... las diez.

9. Siempre ceno .... las nueve.

10. Adolfo llega hoy .... las diez .... la noche.

4. Completa el cuadro.

	levantarse	despertarse	vestirse
(yo)	me levanto	....	me visto
(tú)	te levantas	te despiertas	....
(él/ella/usted)	....	....	se viste
(nosotros/as)	....	nos despertamos	....
(vosotros/as)	os levantáis	....	os vestís
(ellos/as/ustedes)	....	se despiertan	....

5. ¿Qué haces normalmente...

1. los sábados por la mañana?

....
....

2. los domingos a mediodía?

....
....

3. los viernes por la noche?

....
....

4. los lunes por la mañana?

....
....

5. los jueves por la noche?

....
....

6. los martes por la tarde?

....
....

7. todos los días?

....
....

8. los fines de semana?

....
....

6. Un amigo te dice estas frases. ¿Qué le respondes? Utiliza los elementos de las cajas. Habla también de tus costumbres.

Yo también	Yo tampoco	A mí también	A mí no

Yo no	Yo sí	A mí sí	A mí tampoco

1. Me gusta mucho dormir.

   A mí también. Normalmente, duermo 8 ó 9 horas.

2. No voy nunca al teatro.

   ....

   ....

3. Me afeito/maquillo todos los días.

   ....

   ....

4. No me gusta el café.

   ....

   ....

5. Salgo de casa a las nueve de la mañana.

   ....

   ....

6. Normalmente vuelvo a casa a las siete de la tarde.

   ....

   ....

7. Me gusta estudiar por la noche.

   ....

   ....

8. Nunca veo la televisión.

   ....

   ....

9. Me ducho antes de acostarme.

   ....

   ....

10. Me acuesto a las 12.

    ....

    ....

7. ¿Qué cosas crees que hacen estas mujeres los fines de semana? Escríbelo.

1. Antonia

Es muy trabajadora.

....
....
....
....

3. Carmen

Es muy juerguista.

....
....
....
....

2. María José

Es muy presumida.

....
....
....
....

4. Montse

Lleva una vida muy sana.

....
....
....
....

8. Imagina que quieres compartir piso con Isabel. Ella te escribe un mensaje. ¿Puedes contestarle?

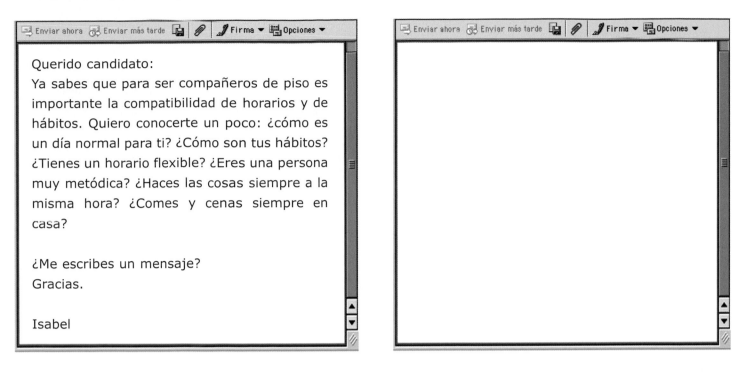

Querido candidato:

Ya sabes que para ser compañeros de piso es importante la compatibilidad de horarios y de hábitos. Quiero conocerte un poco: ¿cómo es un día normal para ti? ¿Cómo son tus hábitos? ¿Tienes un horario flexible? ¿Eres una persona muy metódica? ¿Haces las cosas siempre a la misma hora? ¿Comes y cenas siempre en casa?

¿Me escribes un mensaje?
Gracias.

Isabel

9. a. En una revista han mezclado las preguntas de dos tests diferentes. Coloca cada una de las preguntas en la columna correspondiente.

a. ¿Pagas a menudo con tarjeta de crédito cuando vas de compras?
b. ¿Estableces un tiempo máximo para localizar una información?
c. ¿Ordenas y archivas tus páginas favoritas?
d. ¿Con qué frecuencia vas al banco o controlas tu cuenta?
e. ¿Estableces un presupuesto para cada uno de tus gastos?
f. ¿Con qué frecuencia te conectas a Internet?
g. ¿Comparas y archivas las facturas de los gastos de la casa?
h. ¿Lees las páginas en la pantalla o las imprimes?

TEST 1: ¿Cuidas tu economía?	TEST 2: ¿Eres adicto a Internet?

b. Elige uno de los tests y contesta a las preguntas. Escribe la frecuencia con la que realizas las actividades a las que se hace referencia.

....

....

10. Completa los cuadros con las formas que faltan.

VERBOS REGULARES

-AR	-ER	-IR
desayunar	comer	vivir
desayuno	....	....
....	comes	vives
....	....	....
....	....	....
....	coméis	....
....	....	....

VERBOS IRREGULARES

O - UE	E - IE	E - I	1ª PERSONA
poder	preferir	vestirse	poner
puedo	prefiero	me visto	....
....	....	....	pones
....	....	....	....
....	preferimos	....	....
....	....	os vestís	....
....	....	....	....

11. Esta es la rutina diaria de Santi. Escribe lo que hace y a qué hora.

1. Se levanta a las... ....

2. ....

3. ....

4. ....

5. ....

6. ....

7. ....

8. ....

12. a. Dos lectores de la revista *Vida fácil* escriben a la sección "Soluciones fáciles" para plantear un problema. ¿Te parecen adecuadas las soluciones que propone la revista?

1. Soy miope, ¡muy miope! y, lógicamente, uso gafas. Mi problema es que cuando nado en la piscina o me baño en el mar no veo nada; y cuando salgo del agua no encuentro mi toalla ni a mis amigos... ¿Qué puedo hacer? Muchas gracias. Ismael.

Querido Ismael:
¿Por qué no pruebas con lentes de contacto? Además, existen gafas de baño graduadas...

2. Comparto piso con mi mejor amiga, Rita. Nos llevamos muy bien y lo pasamos bien juntas. El problema es que Rita estudia música y toca la guitarra a todas horas, y yo no puedo estudiar. ¡Y lo peor es que ahora quiere aprender a tocar la batería! ¿Qué hago? Gracias. Eva.

Querida Eva:
¿Por qué no empiezas tú también a tocar un instrumento y así tocáis juntas?

b. ¿Puedes sugerir otros consejos a Ismael y a Eva?

....
....
....

13. Piensa en tus hábitos y clasifícalos.

BUENOS HÁBITOS:

MALOS hÁBITOS:

14. Compara las siguientes costumbres de los habitantes de Guirilandia con las de los habitantes de tu país.

LOS HABITANTES DE GUIRILANDIA...

1. Se levantan a las seis de la mañana.
2. Desayunan pescado.
3. No comen pan en las comidas.
4. Nunca toman té.
5. Los domingos no trabajan.
6. Empiezan la escuela a los cuatro años.
7. En casa hablan un dialecto y, en casa, la lengua oficial.
8. Duermen siete horas.

LOS HABITANTES DE MI PAÍS, EN GENERAL...

1. ....
2. ....
3. ....
4. ....
5. ....
6. ....
7. ....
8. ....

7. ¡A COMER!

1. Haz una lista con todos los alimentos que conoces de cada uno de estos tipos.

Verduras

Carnes

Pescados y marisco

Frutas

Bebidas

3. Combina los elementos para crear platos posibles. Escríbelos debajo.

zumo de   atún   manzana   ensalada de   bocadillo de   tarta de   limón   queso   patata   sopa de   filete de   tortilla de   lomo   pollo   tomate   helado de

zumo de tomate

2. Relaciona cada imagen con el texto correspondiente.

Mayonesa

Es una salsa que se usa en muchos platos en todo el mundo. Lleva huevos, aceite, vinagre o limón, y sal.

Fabada

Es un plato típico de Asturias. Lleva unas judías blancas grandes, que en Asturias llaman "fabes", y embutidos.

Tortilla española

Es uno de los platos españoles más conocidos. Muchas veces se come como tapa. Lleva huevos, patatas y, a veces, cebolla.

Crema catalana

Es un postre típico de Cataluña. Lleva huevos, leche, azúcar y vainilla.

4. Ya sabes que para hablar de los ingredientes de un plato usamos el verbo **llevar**. Piensa ahora en cuatro platos que conoces y descríbelos.

1. Nombre: ....

Es ....

y lleva ....

2. Nombre: ....

Es ....

y lleva ....

3. Nombre: ....

Es ....

y lleva ....

4. Nombre: ....

Es ....

y lleva ....

5. Aquí tienes una serie de preguntas. Marca si corresponden a la forma **tú** o a la forma **usted**.

Tú	Usted	
☐	☐	¿Tiene hora?
☐	☐	¿Trabajas aquí?
☐	☐	¿Cuántos años tiene?
☐	☐	Señora Jiménez, ¿habla inglés?
☐	☐	¿Qué desea?
☐	☐	¿Cómo tomas el té: con leche o con limón?
☐	☐	¿Qué desayunas normalmente?
☐	☐	¿Quiere cenar ahora?

6. Completa el diálogo con las siguientes palabras y expresiones.

otra agua   ¿Y de segundo?   La cuenta, por favor

de primero   con patatas   Una cerveza

lleva   macedonia   nos trae   para beber

un poco de   alguna cosa   sin gas

● Hola, buenos días.

○ Buenos días.

● ¿Ya lo saben?

○ Sí, mire, yo, ... quiero gazpacho.

■ ¿Qué .... la ensalada griega?

● Tomate, queso, aceitunas negras y .... orégano.

■ Pues, para mí, ensalada griega.

● Gazpacho y ensalada. Muy bien. ....

○ Para mí, bistec ....

■ Yo, merluza a la romana.

● Y, ¿qué les pongo ....?

○ .... para mí.

■ Yo quiero agua .... fría.

● Muy bien.

(...)

○ Perdone, ¿ .... un poco más de pan, por favor?

● Sí, ahora mismo.

■ Y ...., por favor.

(...)

● ¿Desean .... de postre?

○ ¿Qué hay?

● Hoy tenemos .... yogur y flan.

○ Yo quiero un yogur.

■ Yo, flan.

(...)

○ ....

● Ahora mismo.

7. Imagina que vuelves del supermercado y que has comprado todas estas cosas. ¿Dónde las pones: en el armario, en la nevera o en el congelador?

azúcar
helado
arroz
huevos
yogures
patatas fritas congeladas
queso
pasta
salchichas
sal
cereales
chocolate
lechuga
guisantes congelados
leche
pescado

El azúcar lo pongo en el armario.

....
....
....
....
....
....
....
....
....
....
....
....

9. a. Escribe la primera persona de singular del Presente de estos verbos.

tener	(yo) ....
venir	(yo) ....
traer	(yo) ....
poner	(yo) ....
salir	(yo) ....
hacer	(yo) ....

b. Ahora, completa las siguientes frases con cada una de las formas anteriores.

1. ● ¡Qué buen día! Si quieres, ... unos

   bocadillos y nos vamos a comer al parque.

2. ● Hola, oye... ¿Y Juan, no viene?

   ○ No, ... sola, Juan está de viaje.

3. ● ¿Salimos a desayunar, Mariano?

   ○ Yo hoy no ...., ¡no .... tiempo

   para desayunar ni para nada!

   ● Bueno, ¿te .... un café?

   ○ Sí, gracias. Con leche, por favor.

4. ● Ya son las dos, ¿.................. el pescado en el horno?

   ○ Vale. ¡Tengo un hambre!

8. Completa los diálogos con el adjetivo adecuado en femenino, masculino, singular o plural según corresponda.

soso   **dulce**   **ligero**   **picante**

1. ● ¿Vamos al "Capricho de Bombai"? ¿Te gusta la comida india?
   ○ Bueno, no sé... ¿No es todo muy ....?
   ● No, también hay platos a base de coco y almendras, que son bastante suaves.

2. ● ¡Tres cucharadas de azúcar! ¡Qué exagerada!
   ○ Sí, es mucho, pero es que el café solo me gusta cuando está muy ....

3. ● ¿Qué quieres cenar?
   ○ Pues no tengo mucha hambre, así que algo ....: una ensalada o una sopa...

4. ● ¿Cómo están los macarrones? ¿No están un poco ....?
   ○ No, para mí están perfectos. Además, prefiero tomar poca sal, ya sabes, por la tensión...

8. EL BARRIO IDEAL

1. Escoge la opción correcta en cada caso.

1. ● ¿Sabes si hay (1) .... supermercado por aquí cerca?
   ○ Sí, hay (2) .... en la esquina.

(1) a. Ø	(2) a. uno
b. uno	b. ninguna
c. un	c. algún

2. ● Perdona, ¿hay (3) .... farmacia por aquí?
   ○ Pues no, no hay (4) ....

(3) a. la	(4) a. una
b. alguno	b. ninguna
c. alguna	c. alguna

3. ● ¡No hay (5) .... cajero automático por aquí!
   ○ Claro que sí. Mira, en esa esquina hay (6) ....

(5) a. algún	(6) a. uno
b. ningún	b. un
c. uno	c. algún

4. ● Perdona, ¿sabes si hay (7) .... panadería por aquí cerca?
   ○ Uy, hay (8) ....

(7) a. la	(8) a. muchas
b. ninguna	b. ninguna
c. alguna	c. uno

5. ● ¿En este barrio no hay (9) .... droguería?
   ○ Sí, sí, hay (10) .... en la plaza, al lado del supermercado.

(9) a. alguna	(10) a. uno
b. ninguna	b. una
c. un	c. Ø

6. ● ¿Sabes si hay (11) .... quiosco por aquí cerca?
   ○ Pues me parece que no hay (12) ....

(11) a. Ø	(12) a. alguno
b. ninguno	b. ninguno
c. un	c. ningún

2. a. Fíjate en el dibujo y lee las frases. Di si son verdaderas o falsas y corrige las que sean falsas.

	V	F
1. El cine está a la izquierda de la escuela.	☐	☐
2. El gimnasio está al lado del banco.	☐	☐
3. El museo está lejos del restaurante.	☐	☐
4. El cine está en la esquina.	☐	☐
5. El metro está a la derecha del banco.	☐	☐
6. El bar está a la derecha de la biblioteca.	☐	☐
7. El restaurante está al lado del bar.	☐	☐
8. El hospital está a la izquierda de la biblioteca.	☐	☐
9. El mercado está lejos del museo.	☐	☐

b. Ahora, lee el nombre de las calles y escribe la abreviatura correspondiente.

Calle: ....   Avenida: ....

Paseo: ....   Plaza: ....

3. Piensa en tu barrio o en otro que conozcas bien y completa las siguientes ideas.

Mi barrio / El barrio de... es un barrio ideal...

... para ....

porque ....

....

... para ....

porque ....

....

... para gente ....

porque ....

....

... si te gusta/n / interesa/n ....

porque ....

....

... si te gusta/n / interesa/n ....

porque ....

....

4. ¿Conoces algún barrio (de cualquier ciudad) con estas características? Escribe los nombres.

a. Es moderno y antiguo a la vez.

....

b. Es muy caro.

....

c. Tiene mucha vida tanto de día como de noche.

....

d. Hay mercados populares de artesanía.

....

e. Viven muchos artistas y hay muchas galerías de arte.

....

f. Por la noche se llena de estudiantes.

....

5. Ordena las distancias.

| 1 | 2 | 3 | 4 | 5 | 6 | 7 |

(bastante) lejos ☐　　　muy lejos ☐

muy cerca ☐　　　un poco lejos ☐

aquí al lado ☐　　　(bastante) cerca ☐

aquí mismo ☐

6. Escribe una pregunta posible para estas respuestas.

1. ● ....
   ○ Cerca no. Hay uno, pero está un poco lejos.

2. ● ....
   ○ Sí, al final, en la esquina.

3. ● ....
   ○ No, no mucho. A unos diez minutos a pie.

4. ● ....
   ○ Sí. Sigue todo recto por esta calle. Está al final.

5. ● ....
   ○ Al lado del mercado.

6. ● ....
   ○ No, no hay ninguna.

7. ● ....
   ○ Un poco, a unos quince minutos en coche.

8. ● ....
   ○ Sí, hay una al final de esta calle.

7. ¿Qué puedes hacer en estos lugares? Relaciona.

una oficina de Correos	comprar tabaco y sellos
un teléfono público	hacer la compra
un gimnasio	ir a misa
un supermercado	hacer ejercicio
un cajero	enviar un paquete
una biblioteca	sacar dinero
una iglesia	llamar a alguien
un párking	buscar una información
un estanco	aparcar

8. Piensa en tu ciudad preferida y escribe un pequeño texto describiéndola.

9. Completa estas conversaciones con la preposición adecuada: **a**, **hasta**, **de**, **en** o **por**.

1. ● Perdone, ¿hay una gasolinera .... aquí cerca?
   ○ Sí, mire, hay una .... 200 metros.

2. ● Esta tarde voy a visitar a mis padres.
   ○ ¿No viven .... un pueblo?
   ● Sí, pero está solo .... 40 kilómetros.
   Se tarda treinta minutos .... coche.

3. ● ¿Un estanco, por favor?
   ○ Pues, creo que .... la próxima esquina hay uno.

4. ● Vamos .... taxi, ¿no?
   ○ No, vamos andando, está .... cinco minutos.

5. ● ¿Sabes si hay una oficina de correos cerca .... aquí?
   ○ Sí, hay una .... la Plaza del Rey; vas todo recto
   por esta calle, ... el final, y allí está la plaza.

10. ¿Te acuerdas de Icaria? Completa los diferentes párrafos con las palabras necesarias en cada caso.

a. Completa con **es**, **son**, **está**, **hay** o **tiene**.

Icaria .... una ciudad con mucha historia. .... situada en la costa y no .... muy grande, pero .... moderna y dinámica. En Icaria .... cuatro grandes barrios. (...) El Barrio Sur .... el centro histórico. .... al lado del mar y .... una playa preciosa. .... un barrio bohemio, antiguo y con pocas comodidades, pero con mucho encanto. Las calles .... estrechas y .... muchos bares y restaurantes.

b. Completa el segundo párrafo con sustantivos relacionados con el mobiliario urbano.

El Barrio Norte es un barrio nuevo, elegante y bastante exclusivo. Está situado bastante lejos del centro y del mar. Hay muchos árboles y .... verdes. Las .... son anchas, no hay .... altos y casi todas las .... tienen jardín. En el barrio Norte hay pocas .... pero hay un .... comercial enorme, un polideportivo y un .... de tenis.

c. Completa esta parte con los siguientes intensificadores: **mucho/a/os/as**, **bastante/s**, **poco/a/os/as** o **varios/as**.

El barrio Este es un barrio céntrico y .... elegante. Las calles son anchas y hay .... tiendas de todo tipo. También hay .... cines, teatros, restaurantes y .... galerías de arte. Hay, sin embargo, muy .... zonas verdes.

d. Completa este último párrafo con la conjunción adecuada: **y** o **pero**.

En el barrio Oeste no hay mucha oferta cultural .... hay tres mercados, varias escuelas .... muchas tiendas... Está un poco lejos del centro, ... está muy bien comunicado. Tiene un gran parque .... dos centros comerciales.

9. ¿SABES COCINAR?

1. Escribe los participios de estos verbos.

escribir ....   encontrar ....

gustar ....   ver ....

hablar ....   escuchar ....

tener ....   estar ....

ser ....   ir ....

comprar ....   conocer ....

poner ....   volver ....

hacer ....   decir ....

2. Este es el estudio de Carolina de la Fuente. ¿Qué puedes decir sobre sus experiencias pasadas?

Ha viajado por todo el mundo.

....
....
....
....
....
....
....

3. a. Completa el cuadro con las formas que faltan.

	Presente de **haber**	+ Participio
(yo)	**he**	
(tú)	....	estado
(él/ella/usted)	**ha**	tenido
(nosotros/nosotras)	....	vivido
(vosotros/vosotras)	....	
(ellos/ellas/ustedes)	....	

b. Relaciona de la manera más lógica las frases de la izquierda con las explicaciones de la derecha.

1. Es un tenista muy bueno.
2. Conoce muchos países.
3. Tiene mucha experiencia como conductor.
4. Habla ruso perfectamente.
5. Es una escritora conocida.
6. Es un cocinero muy bueno.

a. Ha viajado mucho.
b. Ha trabajado en varios restaurantes importantes.
c. Ha escrito muchas novelas y obras de teatro.
d. Ha ganado muchos trofeos.
e. Ha sido taxista durante años.
f. Ha vivido en Moscú 10 años.

c. Continúa estas frases usando el Pretérito Perfecto.

1. Conoce toda América Latina. ....
....

2. Es un profesor muy bueno. ....
....

3. Sabe muchas cosas sobre España. ....
....

4. Es un actor muy famoso. ....
....

5. Habla inglés muy bien. ....
....

6. Es muy buena persona. ....
....

4. Lee estos tres anuncios de trabajo. ¿Cuál de estas tres profesiones crees que puede hacer mejor cada una de estas personas?

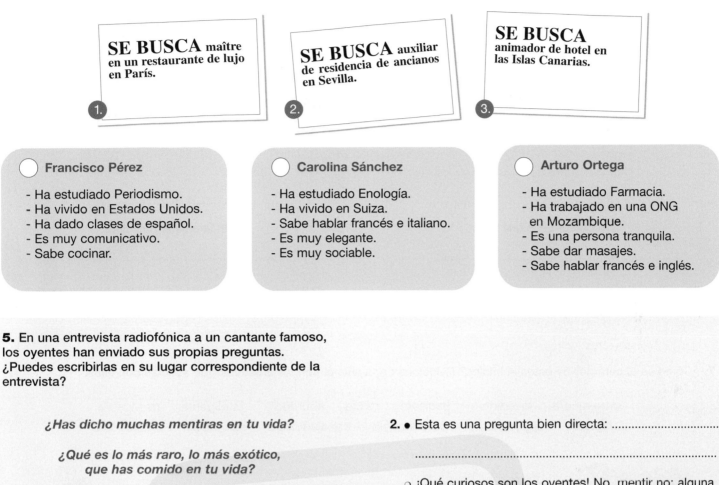

SE BUSCA maître en un restaurante de lujo en París.

1.

SE BUSCA auxiliar de residencia de ancianos en Sevilla.

2.

SE BUSCA animador de hotel en las Islas Canarias.

3.

Francisco Pérez

- Ha estudiado Periodismo.
- Ha vivido en Estados Unidos.
- Ha dado clases de español.
- Es muy comunicativo.
- Sabe cocinar.

Carolina Sánchez

- Ha estudiado Enología.
- Ha vivido en Suiza.
- Sabe hablar francés e italiano.
- Es muy elegante.
- Es muy sociable.

Arturo Ortega

- Ha estudiado Farmacia.
- Ha trabajado en una ONG en Mozambique.
- Es una persona tranquila.
- Sabe dar masajes.
- Sabe hablar francés e inglés.

5. En una entrevista radiofónica a un cantante famoso, los oyentes han enviado sus propias preguntas. ¿Puedes escribirlas en su lugar correspondiente de la entrevista?

¿Has dicho muchas mentiras en tu vida?

¿Qué es lo más raro, lo más exótico, que has comido en tu vida?

De todos los lugares en los que has actuado, ¿dónde te has sentido más querido?

¿Has pensado alguna vez en cambiar de profesión?

¿Has sacrificado muchas cosas en tu vida para llegar a donde estás hoy?

1. ● Bien, ha llegado la hora de las preguntas de los oyentes. La primera: ....

....

○ Es verdad que he ido a un montón de países y muy distintos, pero me he sentido bien en todos... Pero, si tengo que elegir, debo decir que he actuado en Venezuela varias veces y siempre ha sido especial allí...

2. ● Esta es una pregunta bien directa: ....

....

○ ¡Qué curiosos son los oyentes! No, mentir no; alguna vez, muy rara vez, he dicho una "verdad a medias"... Pero eso no es malo, ¿no?

3. ● Otro oyente pregunta: ....

....

○ Sí, claro... He pasado poco tiempo con mi familia...

4. ● ....

....

○ Sí, lo he pensado... Pero, ¿cuál?

5. ● Bueno, la última pregunta: ....

....

○ No sé... ¡Ah, sí! Un helado de pescado que probé en Japón...

6. ¿Qué cualidades son las más importantes para ti en estas personas?

1. Una madre tiene que ser...

....
....
....

2. Un compañero sentimental tiene que ser...

....
....
....

3. Un profesor tiene que ser...

....
....
....

4. Un compañero de viaje tiene que ser...

....
....
....

5. Un compañero de trabajo tiene que ser...

....
....
....

6. Un jefe tiene que ser...

....
....
....

7. ¿Cómo es el carácter de estos animales? Relaciona cada animal con los adjetivos que asocias con ellos.

simpático/a   divertido/a   paciente   raro/a   aburrido/a   inteligente   nervioso/a
tranquilo/a   organizado/a   despistado/a   trabajador/ora   cariñoso/a   antipático/a

1 **El zorro** es ....
....

2 **La hormiga** es ....
....

3 **El perro** es ....
....

4 **El delfín** es ....
....

5 **El gato** es ....
....

6 **La abeja** es ....
....

7 **El oso perezoso** es ....
....

8 **El chimpancé** es ....
....

9 **El loro** es ....
....

10 **El hámster** es ....
....

10. UNA VIDA DE PELÍCULA

1. Completa el cuadro con las formas verbales que faltan.

	estudiar	comer
(yo)	estudié	....
(tú)	....	comiste
(él/ella/usted)	estudió	....
(nosotros/nosotras)	....	comimos
(vosotros/vosotras)	estudiasteis	....
(ellos/ellas/ustedes)	....	comieron

	vivir	tener
(yo)	....	....
(tú)	....	tuviste
(él/ella/usted)	vivió	....
(nosotros/nosotras)	....	tuvimos
(vosotros/vosotras)	vivisteis	....
(ellos/ellas/ustedes)	....	tuvieron

2. Ordena cronológicamente las siguientes expresiones temporales.

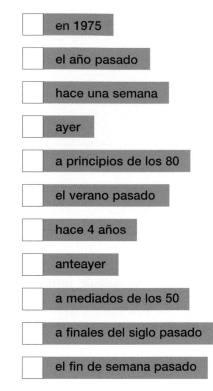

- en 1975
- el año pasado
- hace una semana
- ayer
- a principios de los 80
- el verano pasado
- hace 4 años
- anteayer
- a mediados de los 50
- a finales del siglo pasado
- el fin de semana pasado

3. a. ¿De quién están hablando en cada caso?

1. Llegó a la isla La Española (actual República Dominicana) en 1492.
2. Recibió el premio Nobel de Literatura en 1982.
3. Vendió el estado de Alaska a los Estados Unidos en 1867.
4. Compraron la isla de Manhattan a los indios iroqueses por 60 florines.
5. Escribieron muchos cuentos infantiles (*Hansel y Gretel*, *Blancanieves*, etc.).
6. Perdieron la batalla de Trafalgar.
7. Tuvo seis mujeres.
8. Compusieron muchas canciones famosas: "Yesterday", "Let it be", "All you need is love", etc.

- Los españoles
- Los hermanos Grimm
- Enrique VIII
- Cristobal Colón
- El zar Alejandro II
- Gabriel García Márquez
- Los Beatles
- Unos colonos holandeses

b. Ahora, marca las formas del Pretérito Indefinido que encuentres en las frases anteriores y colócalas en el lugar correspondiente en el cuadro. ¿Puedes escribir el resto de formas?

PRETÉRITO INDEFINIDO

REGULARES			IRREGULARES
llegar	**vender**	**recibir**	**tener**
llegué	vendí	recibí	tuve
....	....	....	....
....	....	....	....
llegamos	vendimos	recibimos	tuvimos
....	....	....	....
....	....	....	....

comprar	**perder**	**escribir**	**poner**
....	....	....	....
compraste	perdiste	escribiste	pusiste
....	....	....	....
....	....	....	....
comprasteis	perdisteis	escribisteis	pusisteis
....	....	....	....

4. a. Observa el Pretérito Indefinido del verbo **seguir**. ¿Puedes señalar qué tiene de especial?

	seguir
(yo)	seguí
(tú)	seguiste
(él/ella/usted)	siguió
(nosotros/nosotras)	seguimos
(vosotros/vosotras)	seguisteis
(ellos/ellas/ustedes)	siguieron

b. Los verbos **pedir**, **conseguir**, **preferir**, **despedir** y **sentirse** tienen el mismo tipo de irregularidad en el Pretérito Indefinido. Completa el siguiente diálogo con la forma adecuada de cada uno de esos verbos.

1. ● ¿Sabes? El otro día mi madre ....

   mal y la acompañé al hospital.

   ○ ¿Y ahora cómo está? ¿Mejor?

2. ● ¿Es verdad que Alfred Hitchcock nunca

   .... un Oscar al mejor director?

   ○ Pues no sé, no estoy seguro.

3. ● Hace dos semanas unas chicas me confundieron con

   Beckham y me .... un autógrafo.

   ○ ¿Y se lo firmaste?

4. ● Al final no fuimos al parque con los niños. Es que (ellos)

   .... quedarse a ver una película en casa.

5 ● La semana pasada .... a más de

   50 trabajadores en una empresa de mi pueblo.

   ○ ¿De verdad? ¡Qué fuerte!

5. Lee el texto sobre Pedro Almodóvar de la página 83 y responde a las preguntas.

1. ¿Cuántos años tiene Pedro Almodóvar?

....

2. ¿Qué hizo en 1959?

....

3. ¿Cuándo se fue a Madrid?

....

4. ¿Fue a la Universidad?

....

5. ¿Por qué dejó su trabajo en Telefónica?

....

6. Además de trabajar como administrativo, ¿qué otros trabajos hizo antes de ser director de cine?

....

7. ¿Con qué película se hizo famoso en Estados Unidos?

....

8. ¿Cuántas películas ha hecho Almodóvar hasta ahora?

....

6. Completa las frases con información personal sobre tu pasado.

1. Empecé a estudiar español ....

2. Hace un año ....

3. Viajé por primera vez a otro país ....

4. En 2002 ....

5. Nací en ....

6. Ayer ....

7. .... fue la última vez que fui a una fiesta.

8. La semana pasada ....

9. .... estuve enfermo/a.

10. El sábado pasado ....

7. a. Relaciona los elementos de las dos columnas para formar hechos posibles.

hacerse	de casa
	suerte
	un premio
tener	un romance
	rico
ganar	éxito
	de trabajo
cambiar	famoso
	una medalla

b. Ahora, inventa la biografía de una persona. Entre todos los acontecimientos tienen que aparecer, al menos, cinco de las expresiones del apartado **a.**

8. Completa las frases con **hace**, **desde**, **hasta**, **de**, **a**, **después** y **durante**.

1. Viví en Milán .... 1997 .... 1999.

2. Estudio español .... septiembre.

3. Encontré trabajo .... dos meses.

4. Trabajé como recepcionista .... enero .... julio de 2001.

5. Estuve en Mallorca .... la semana pasada.

6. Terminé la carrera .... cuatro meses.

7. Te esperé en el bar .... las siete.

8. Salgo con Miriam .... enero.

9. En 2000 me fui a vivir a Italia, pero dos años .... volví a España.

10. La película gustó mucho. .... la proyección, no se escuchó ni un murmullo en la sala.

11. ¡Estoy cansado de hacer horas extra! Ayer me quedé en la oficina .... las diez de la noche.

9. Chavela Vargas es toda una leyenda de la canción mexicana. Lee su biografía y complétala conjugando en Pretérito Indefinido los verbos que están entre paréntesis.

CHAVELA VARGAS

(NACER) .... en Costa Rica en 1919, pero de muy niña (IRSE) .... a vivir a México con su familia. Desde muy pronto (SENTIRSE) .... atraída por la cultura indígena mexicana, (APRENDER) .... sus ritos y ceremonias, su lenguaje y (EMPEZAR) .... a vestirse como ellos. La primera vez que (ACTUAR) .... en público, lo (HACER) .... vestida con un poncho indígena. (EMPEZAR) .... a cantar en los años 50 de la mano de otro mito de la ranchera, José Alfredo Jiménez, y su popularidad (ALCANZAR) .... la cumbre en los años 60 y 70. En esos años, (MANTENER) .... una gran amistad con personajes como el escritor Juan Rulfo, el compositor Agustín Lara o los pintores Frida Kahlo y Diego Rivera, que la (CONSIDERAR) .... su musa. Era la época de las giras por el Teatro Olimpia de París, el Carnegie Hall de Nueva York y el Palacio de Bellas Artes de México, las fiestas y las grandes cantidades de tequila. A mediados de los 80, la cantante (CAER) .... en el alcoholismo y (PERMANECER) .... alejada de los escenarios durante 12 años. (REGRESAR) .... gracias al cine, de la mano del director español Pedro Almodóvar: (COLABORAR) .... en la bandas sonoras de las películas *Kika* y *Carne trémula*, e (HACER) .... una breve aparición en *La flor de mi secreto*. En 2002 (PUBLICARSE) .... su autobiografía, que se titula *Y si quieres saber de mi pasado*.

10. ¿Quieres encontrar trabajo en un país de habla hispana? Escribe tu currículum en español.

DATOS PERSONALES

- Nombre: .... - Apellido(s): ....
- Pasaporte / D.N.I: .... - Lugar y fecha de nacimiento: ....

FORMACIÓN ACADÉMICA

- .... - .... - .... - .... - .... - ....
- .... - .... - .... - .... - .... - ....
- .... - .... - .... - .... - .... - ....

EXPERIENCIA LABORAL

- .... - .... - .... - .... - .... - ....
- .... - .... - .... - .... - .... - ....
- .... - .... - .... - .... - .... - ....

IDIOMAS

- Inglés: .... - Francés: .... - Alemán: .... - Otros: ....

OTROS DATOS DE INTERÉS

- ....

MÁS
CULTURA

• En esta sección encontrarás una pequeña antología de textos muy variados: artículos, reportajes, entrevistas, historietas, fragmentos literarios (poesía y novela), biografías, etc. Con ellos podrás acercarte a la cultura hispana y, al mismo tiempo, aprender español.

• Si te apetece, puedes leerlos por tu cuenta. A veces, sin embargo, el profesor los utilizará en las clases como material complementario de una unidad.

• Como verás, estos textos abordan elementos culturales como los valores, las costumbres y las convenciones sociales de los hispanohablantes, sin olvidar manifestaciones culturales como la literatura, la música, el cine, etc. y sus protagonistas.

• Ten en cuenta estas recomendaciones:

- Hemos querido incluir temas interesantes y textos auténticos. Es normal, pues, que te resulten un poco más difíciles que los textos de la unidad.

- Antes de leer un texto, observa los aspectos gráficos y las imágenes: trata de prever de qué trata y qué tipo de texto es.

- No te preocupes si encuentras palabras que no conoces. Trata de deducir su significado por el contexto. ¡Haz hipótesis antes de decidirte a consultar el diccionario!

- No intentes entenderlo absolutamente todo. Busca las ideas principales o aquella información que necesitas para resolver la actividad que te proponemos.

1. LOS NOMBRES EN ESPAÑOL

A. Lee los textos de las viñetas. ¿Qué puedes observar sobre la manera de utilizar los nombres y los tratamientos en español? ¿Es igual en tu lengua en estas situaciones?

B. Observa la siguiente ilustración y lee el texto para ampliar la información sobre los nombres en español.

En la mayoría de países de habla española todo el mundo tiene dos apellidos, el primero del padre y el primero de la madre: García Márquez, López Garrido, Vargas Llosa... También es interesante saber que las mujeres casadas conservan su apellido, tanto en sus documentos (pasaporte, documento nacional de identidad, etc.) como en su vida profesional.

Otra cosa curiosa: normalmente, en la vida cotidiana, la gente usa solamente el primer apellido y en los documentos los dos. Pero la gente que tiene apellidos muy frecuentes (Pérez, López, Martínez...) en su vida profesional es conocida por los dos (López Vera, Pérez Reverte...) o incluso por el segundo (Lorca, por poner un ejemplo).

También son muy frecuentes los nombres de pila compuestos, como José Luis o Juan José. Pero, atención: José María es nombre de hombre y María José, de mujer.

C. ¿Qué sabes de estas personas? ¿Son hombres o mujeres? ¿Cuál es el apellido del padre y de la madre de cada uno?

> JUAN MARÍA ORDÓÑEZ VILA
> MARÍA VICTORIA RAMOS TORO
> ENCARNACIÓN RATO ÚBEDA

2. LOS NÚMEROS

A. Lee la letra de esta canción popular. ¿Existe alguna canción similar en tu lengua?

> El uno es un soldado
> haciendo la instrucción,
> el dos es un patito
> que está tomando el sol,
> el tres una serpiente,
> el cuatro una sillita,
> el cinco es una oreja,
> el seis una guindilla,
> el siete es un bastón,
> el ocho son las gafas
> de mi tío Ramón.
> El nueve es un globito
> atado de un cordel,
> el cero una pelota
> para jugar con él.

B. ¿Por qué no memorizas la canción? ¿Puedes pensar otras asociaciones posibles entre números y objetos?

1. EL ESPAÑOL EN EL MUNDO

A. Lee el siguiente texto y fíjate en las palabras españolas que se usan en los diferentes países. ¿Sabes qué significan?

EL ESPAÑOL ESTÁ DE MODA

Seguramente ya sabes que el español es la tercera lengua más hablada del mundo (después del chino mandarín y del inglés) y que es la lengua oficial de 21 países. También hay países en los que se habla pero no es la lengua oficial, como Estados Unidos (unos 40 millones de hispanohablantes) o Filipinas. Según datos del Instituto Cervantes, lo hablan 356 millones de personas en todo el mundo y la previsión es de 538 millones en 2050. Y mucha gente, como tú, estudia español: ¡más de 40 millones!

Pero quizá no sabes que es la segunda lengua más usada en Internet, o la cuarta lengua mundial por la extensión del territorio donde se habla, o que hay muchas variantes locales, aunque sus hablantes se entienden sin dificultad.

La cultura hispana y el español están de moda en el mundo. De hecho, algunas palabras de la lengua española ya forman parte del habla cotidiana de muchos países. Las palabras con más éxito son las que se refieren a la gastronomía (**tortilla, paella, jamón...**) y otras como **siesta, fiesta, macho** o **amigo**.

En Estados Unidos, la expresión **hasta la vista** es muy popular gracias a la película *Terminator 2* y es habitual oír **hola** y **adiós**. Y también se usa mucho la frase **mi casa es su casa**, como muestra de amistad. Muchos anglófonos usan también **aficionado** (en lugar del francés "amateur") y **gusto** para hablar del placer que algo nos produce.

El español está de moda en Grecia. Hay palabras incorporadas a la lengua, como **bravo**, pero también es frecuente escuchar **hola, adiós, nada, muchas gracias, saludos, fiesta, dónde estás, qué pasa**... ¡Y también **olé**!

Un caso curioso es el de Tel-Aviv, donde cada vez más jóvenes estudian y hablan español. ¡Y con acento argentino! ¿Cuál es la razón? En Israel las telenovelas argentinas, sobre todo las dirigidas a los adolescentes, son muy populares y se emiten en versión original con subtítulos.

B. ¿Hay palabras españolas en tu lengua? ¿Cuáles? ¿Cómo se usan?

2. CULTURA EN ESPAÑOL

A. Aquí tienes algunos nombres destacados de la cultura hispana. ¿Puedes relacionarlos con sus profesiones?

Buñuel, Almodóvar, Fernando Trueba, Luis Puenzo, Alejandro Amenábar
Pau Casals, Daniel Baremboin, Jordi Savall
José Carreras, Montserrat Caballé, Plácido Domingo, José Cura, Mariola Cantarero
Julio Bocca, Alicia Alonso, Antonio Gades, Joaquín Cortés
Tàpies, Fernando Botero, Antonio Seguí, Frida Kahlo, Dalí, Miró, Picasso
Gaudí, Óscar Tusquets, Calatrava, Ricardo Bofill
María Félix, Javier Bardem, Cecilia Roth, Victoria Abril, Héctor Alterio, Penélope Cruz
Mariscal, Quino, Ibáñez, Horacio Altuna, Maitena, Guillermo Mordillo
García Márquez, Borges, Isabel Allende, Neruda, Javier Marías, Octavio Paz
Alejandro Sanz, Paulina Rubio, Manu Chao, Shakira, Ricky Martin, David Bisbal

**Directores de cine · Escritores
Arquitectos · Cantantes de pop
Bailarines · Pintores
Músicos clásicos · Actores
Dibujantes · Cantantes de ópera**

B. De muchos de los personajes solo aparece el apellido. ¿Por qué no intentas completar sus nombres? Seguro que en Internet encuentras información.

1. BOLIVIA

A. ¿Qué sabes de Bolivia? Intenta contestar al siguiente test.

1. Bolivia es un país...

- ☐ cálido
- ☐ frío
- ☐ con muchos climas diferentes

2. La base de la economía boliviana es...

- ☐ la pesca
- ☐ la minería
- ☐ la industria mecánica

3. La mayoría de los bolivianos habla...

- ☐ castellano
- ☐ inglés
- ☐ lenguas indígenas

4. El ekeko es...

- ☐ un hombre rico
- ☐ el dios de los aymaras
- ☐ un muñeco

5. ¿Cuál de las siguientes civilizaciones no se desarrolla en territorio boliviano?

- ☐ tiahuanacota
- ☐ aymara
- ☐ azteca

6. Una bebida típica de Bolivia es...

- ☐ el tequila
- ☐ la chicha
- ☐ el ron

7. El charango es...

- ☐ un instrumento musical
- ☐ un baile típico
- ☐ un menú típico boliviano

B. Ahora, lee la información sobre Bolivia y comprueba tus respuestas.

Bolivia es conocido como "el país del Altiplano". Su capital, La Paz, es la más alta del mundo (3600 metros de altitud). El lago Titicaca, considerado la cuna de la civilización inca, también está en Bolivia, a 3856 metros sobre el nivel del mar. Pero la mayor parte del país se encuentra en llanuras tropicales de escasa altitud. Es un país con grandes contrastes climáticos y con una gran riqueza natural.

Historia

Las primeras civilizaciones del Altiplano boliviano se desarrollan hacia el año 2000 a. C. Las culturas más importantes son la tiahuanacota y, más tarde, la aymara y la quechua, pertenecientes al Imperio Inca. En 1535 llegan los españoles, que mantienen su dominio durante tres siglos. En 1824 Antonio José de Sucre, lugarteniente de Simón Bolívar, logra la independencia en la batalla de Ayacucho. En agosto de 1825 el Alto Perú se convierte en la República Bolívar, que en octubre de ese mismo año pasa a llamarse República de Bolivia.

Economía

La economía boliviana se basa en la explotación de su riqueza mineral, agrícola y en la industria alimentaria. Es un país con ricas reservas de petróleo y gas natural. El turismo es también una de las principales fuentes de ingresos.

Música

El charango es un instrumento típico del Altiplano. Tiene forma de pequeña guitarra y está hecho con el caparazón de una mulita.

Gastronomía

Son típicos los platos de carne acompañados de arroz, patatas y lechuga cocida. A veces se usa la llajhua (salsa caliente hecha con tomates y chiles) para condimentar los platos. Las bebidas más características son el vino, la cerveza y la chicha (aguardiente de maíz).

Lengua

La lengua oficial es el castellano, pero en realidad solo lo habla aproximadamente el 70% de la población, y muchas veces como segunda lengua. El resto de la población habla quechua, aymara u otras lenguas indígenas.

La Paz
BOLIVIA

MÁS INFORMACIÓN
www.bolivianet.com/turismo
www.bolivia.com
www.boliviaweb.com
www.redboliviana.com

el ekeko

Es un muñequito bien vestido, cargado de objetos de lujo y billetes. Está siempre presente en un lugar destacado de las casas bolivianas y su función es atraer la riqueza, la abundancia, el amor, la virilidad y la fertilidad.

C. ¿Te interesa saber más sobre algún otro país de Latinoamérica? ¿Por qué no buscas información y elaboras una pequeña ficha?

1. PRENDAS TRADICIONALES

Cada país tiene prendas de vestir que forman parte de su tradición y que aún se usan hoy en día. Aquí tienes ejemplos de prendas de vestir tradicionales de algunos países de habla hispana. ¿Puedes relacionar cada prenda con la fotografía correspondiente?

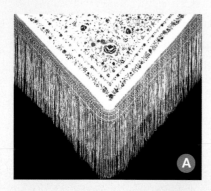

☐ **GUAYABERA:** es una camisa larga, de algodón o lino, con grandes bolsillos y generalmente de manga corta. Se lleva por fuera de los pantalones. Originalmente blanca y de hombre, hoy se fabrica en todos los colores y las mujeres también la usan. **[Cuba]**

☐ **LLUCHO:** es un gorro de lana de alpaca (un mamífero de los Andes) tejido a mano. Puede ser de diferentes colores y generalmente cubre las orejas. Lo llevan sobre todo en el Altiplano, pero hoy se puede ver en ciudades de todo el mundo. **[Bolivia]**

☐ **BOTAS DE CARPINCHO:** son unas botas altas sin cremallera y con tacón de madera. Están hechas con piel de carpincho. Este animal vive en los ríos y lagos de Sudamérica y es el mayor roedor del mundo (puede pesar hasta 80 kilos). **[Argentina]**

☐ **MANTÓN DE MANILA:** es una prenda de seda con flores bordadas. Usado originalmente como prenda de abrigo, hoy en día se lleva sobre todo en las fiestas. También se usa para decorar los balcones en las fiestas. Aunque llega de las Filipinas en el siglo XVI, este prenda femenina se asocia con la artesanía andaluza. **[España]**

☐ **ÑANDUTÍ:** es un encaje que puede ser blanco o de colores. Se utiliza para hacer ropa (se lleva mucho en la playa, colocado sobre el bañador) y como objeto decorativo para la casa. En guaraní, la palabra ñandutí significa "telaraña". **[Paraguay]**

☐ **SOMBRERO JIPIJAPA:** es un sombrero de paja tejida, blanco y muy ligero. Protege muy bien del sol y lleva una cinta negra alrededor. Conocido como "panamá", en realidad no es originario de ese país. **[Ecuador]**

☐ **REBOZO:** es un pañuelo muy fino, de seda o rayón, tejida a mano. Puede ser de muchos diseños y colores diferentes, y se lleva de muchas maneras: sobre los hombros, en el cuello, como turbante, como top o como pareo. Los hombres también suelen llevarlo como pañuelo al cuello o como faja. **[México]**

☐ **PONCHO:** es una prenda hecha con un tejido muy apretado que protege del frío, del viento y de la lluvia. Puede ser de un solo color o tener algún dibujo geométrico. Algunos llevan flecos de lana. **[Chile]**

2. POESÍA DE COLORES

A. ¿De qué color son estas cosas para ti?

el amor

una niña

el cielo

las estrellas

la luna

el viento

B. Ahora, lee los fragmentos de canciones de Federico García Lorca que tienes en esta página. ¿De qué color son las cosas anteriores para el poeta español?

C. ¿Qué fragmento te gusta más?

D. ¿Por qué no escribes tú ahora un pequeño poema inspirado en los colores? Pueba construcciones simples, como asociaciones directas entre palabras y colores.

FEDERICO GARCÍA LORCA nace el 5 de junio de 1898 en Fuentevaqueros, provincia de Granada. En 1908 se traslada con su familia a Granada. En esa ciudad, Lorca empieza la carrera de Filosofía y Letras. En 1919 se traslada a la Residencia de Estudiantes de Madrid, donde coincide con Luis Buñuel y con Salvador Dalí. En Madrid empieza a escribir. Sus primeras obras literarias son el *Libro de poemas* y la obra de teatro *Mariana Pineda*. Cuando termina sus estudios en España, en 1929, Lorca viaja por Estados Unidos, donde estudia y da conferencias. Su producción de este periodo está recogida en el libro de poemas *Poeta en Nueva York*. Lorca también viaja a Cuba, donde termina la obra teatral *El público*. Cuando vuelve a España, pone en marcha el grupo de teatro ambulante "La Barraca", con el que consigue un gran éxito dentro y fuera de España. Reconocido en vida como uno de los mejores escritores jóvenes españoles, Lorca muere fusilado el 19 de agosto de 1936 por su vinculación con la República.

(...)

Sábado.
(Arcos azules. Brisa.)

Domingo.
(Mar con orillas. Metas.)

Sábado.
(Semilla estremecida.)

Domingo.
(Nuestro amor se pone amarillo)

La canción del colegial

(...)

Las torres fundidas
con la niebla fría,
¿cómo han de mirarnos
con tus ventanitas?

Cien luceros verdes
sobre el cielo verde,
no ven a cien torres
blancas, en la nieve.

(...)

Preludio

(...)

Ayer.
(Estrellas de fuego.)

Mañana.
(Estrellas moradas.)

Hoy
(Este corazón, ¡Dios mio!
¡Este corazón que salta!)

(...)

Canción con movimiento

En la luna negra
de los bandoleros,
cantan las espuelas.

Caballito negro.
¿Dónde llevas
tu jinete muerto?

(...)

Canción de jinete (1860)

(...)

Naranja y limón
(¡Ay, la niña del mal amor!)

Limón y naranja.
(¡Ay de la niña, de la niña blanca!)

Limón
(¡Cómo brillaba el sol!)

Naranja.
(¡En las chinas del agua!)

Árbol de la canción

Verde que te quiero verde.
Verde viento. Verdes ramas.
El barco sobre la mar
y el caballo en la montaña.

Romance sonámbulo

1. JAVIER BARDEM

A. ¿Sabes quién es Javier Bardem? Lee el siguiente texto si quieres conocer a una de las figuras más destacadas del cine español actual.

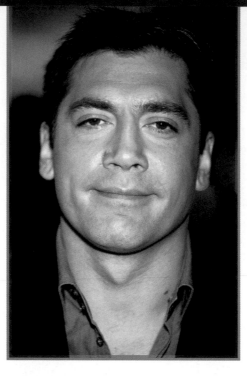

DATOS PERSONALES

Nombre real:
Javier Ángel Encinas Bardem
Profesión: actor
Fecha de nacimiento: 1/5/1969
Lugar de nacimiento: Las Palmas de Gran Canaria, España

CÓMO ES

• Es un actor inconformista, muy autocrítico y exigente. Prepara sus papeles de forma meticulosa y es capaz de interpretar a personajes muy diferentes.
• Intenta mantener los pies en la tierra. Piensa que un actor tiene que poder observar y participar de la realidad y que la popularidad puede aislarlo.
• Le molesta aparecer demasiado en los medios de comunicación. Solo lo hace cuando tiene que promocionar alguna de sus películas.
• Un aspecto de su trabajo que le gusta especialmente es que le permite leer mucho y estar en contacto con culturas diferentes.
• No le gusta hablar de cine todo el día.

FILMOGRAFÍA

De entre sus más de veinte películas, destacamos los siguientes títulos: *Jamón Jamón* (Bigas Luna), 1992; *Huevos de oro* (Bigas Luna), 1993; *Días contados* (Imanol Uribe), 1994; *Boca a boca* (Manuel Gómez Pereira), 1995; *Carne trémula* (Pedro Almodóvar), 1997; *Perdita Durango* (Álex de la Iglesia), 1997; *Entre las piernas* (M. G. Pereira), 1999; *Antes que anochezca* (Julián Schnabel), 2001; *Pasos de baile* (John Malkovich), 2002; *Los lunes al sol* (Fernando León de Aranoa), 2002; *Mar adentro* (Alejandro Amenábar), 2004.

UNA CURIOSIDAD

Pertenece a una familia de actores y directores, y debuta en televisión a los cuatro años. Sin embargo, no hace cine hasta 1990. Hasta entonces, estudia pintura y se dedica a otras actividades, como el rugby o el dibujo publicitario.

SUS DIRECTORES DICEN DE ÉL

ALEJANDRO AMENÁBAR: "Es un actor con mayúsculas. [...] En un minuto te puede hacer de cinco personajes distintos. Creo firmemente que es uno de los grandes actores no solo de España, sino del mundo entero. Independientemente de su talento [...], lo que me ha sorprendido gratamente es su humanidad. Un tío con los pies en la tierra y con muchísimo sentido del humor. Es una persona que trae luz."

GERARDO VERA: "De Javier Bardem destaco el rigor y la capacidad de meterse en lo más profundo del personaje que interpreta. Es un actor [...] que va a lo esencial."

BIGAS LUNA: "Lo mejor es su fuerza física y la capacidad mimética que tiene con los personajes que hace. Es un actor capaz de interpretar con todo su cuerpo, y no solo con el rostro."

FERNANDO LEÓN: "Es una de las mejores personas que conozco. Es un tipo excelente, un buen amigo y una persona muy, muy noble. [...] Es un actorazo, una barbaridad, es un trabajador incansable. [...] Es un lujo."

ÁLEX DE LA IGLESIA: "Para mí es más importante mi amigo Javier Bardem que el actor. Lo que hay que reconocer es que, sin duda, es el mejor actor de este país."

B. Señala en el texto las palabras o expresiones que describen la manera de ser del actor español. ¿Tienes algo en común con él?

2. LA MÚSICA DE FUSIÓN

Lee el siguiente texto. ¿Existe algo parecido a este fenómeno en el panorama musical de tu país?

La *FUSIÓN* *entre los ritmos locales y otros estilos musicales está presente en todos los países de habla hispana. El flamenco, el candombe o la milonga se fusionan con el pop, el rock, el jazz, el blues o incluso la música raï. Todo vale.*

En España, en los años 70, el grupo **Triana** abre las puertas del flamenco a las sonoridades del rock y, en la década siguiente, **Pata Negra** hace lo mismo, pero esta vez con el blues. En los 90, grupos y artistas como **Ketama**, **Navajita Plateá** o **Kiko Veneno**, entre otros, siguen el mismo camino y consiguen acercar al flamenco a nuevos horizontes: jazz, bossa nova, música árabe, pop... Un poco más lejos de las raíces flamencas, encontramos actualmente a grupos como **Chambao**, que han conseguido triunfar con su fórmula particular que combina la tradición flamenca con música electrónica.

Las ganas de fusionar han dado lugar a un movimiento conocido actualmente como "mestizaje". Dentro de esta corriente se encuentran grupos que lo mezclan todo para encontrar su propia manera de expresarse. Entre los más famosos están **Ojos de brujo**, con su fusión de flamenco y hip-hop, y **Macaco**, que fusionan hip-hop, pop, rock, bossa nova, ritmos africanos, jazz, etc.

En Latinoamérica, merecen especial atención el uruguayo **Jaime Roos**, que mezcla los ritmos propios de la murga, el candombe y la milonga con jazz, blues, rock y bossa nova, y el argentino **León Gieco**, que reinterpreta en clave de rock los ritmos folclóricos de Argentina. Una de las nuevas figuras es el colombiano **Carlos Vives**, que mezcla rock, vallenato, cumbia, son, baladas, ska... Por su parte, los cubanos **Orishas** se encargan de unir los ritmos de la isla con el hip-hop.

Ojos de brujo

Macaco

Orishas

1. ALGÚN AMOR

A. Lee los siguientes fragmentos de una novela de la escritora española Dulce Chacón. Observa también la portada del libro. ¿Cuál crees que es el tema de la novela?

Prudencia se levanta todos los días antes que su marido. Le prepara el desayuno y la ropa que va a ponerse, y luego enciende la radio... (...)

Los maridos se quejan si sus mujeres engordan, si no se cuidan, y si les reciben en bata cuando llegan a casa. Hay que ver qué pintas tienes, hija, le dice su marido a Prudencia cuando la encuentra sin arreglar. Y es que es verdad, a veces está hecha una facha. (...)

Prudencia se queja muchas veces de que su marido es de los que piensan que la mujer tiene que estar en casa, como una santa, haciéndoles la comida, eso sí, arregladitas. Ellos engordan y ellas tienen que mantener la línea. (...)

Cuando hay que pedir amor todo está perdido. El amor no se pide, el amor se da.

B. Este es el argumento de la novela. ¿Confirma tus hipótesis?

Prudencia es una mujer maltratada por su marido. Se encuentra perdida entre sus sentimientos, la soledad y la progresiva anulación de su propia identidad. Pero, un día, Prudencia decide huir...

C. ¿Cómo se vive el tema de la novela en tu país?

D. ¿Quieres conocer a la autora de la novela? Aquí tienes una pequeña biografía.

DULCE CHACÓN nace en Zafra, provincia de Badajoz, en 1954, aunque a los doce años se traslada con su familia a Madrid. Escribe poesía (destacamos *Querrán ponerle nombre* y *Contra el desprestigio de la altura*) y novela: *Algún amor que no mate*, *Blanca vuela mañana*, *Háblame, musa, de aquel varón*, *Cielos de barro* y *La voz dormida*. También es autora de una obra teatral titulada *Segunda mano*. Dulce Chacón muere en diciembre de 2003, a los 39 años de edad, justo cuando su obra goza de un mayor reconocimiento.

2. RITMOS DE VIDA

A. Soledad (51 años) y Ezequiel (24) son madre e hijo. Pertenecen a una familia de la clase media de Buenos Aires. Lee lo que nos cuentan sobre su rutina semanal. ¿Encuentras cosas sorprendentes desde el punto de vista de alguien de tu país?

EZEQUIEL

A mí no me gusta eso de vivir con papá y mamá, yo soy independiente. Trabajo en un banco, como cadete, o sea, hago todos los pequeños trabajos que nadie quiere hacer: hago fotocopias, llevo y traigo cosas, voy a la compra y a hacer trámites fuera, ¡hasta sirvo café! Trabajo de 8.30 a 5 de la tarde, de lunes a viernes. No paramos para comer: picamos algo en el trabajo (algunos se escapan a comer algo rápido, de pie, y regresan enseguida). Después del trabajo, muchos de mis compañeros van a un bar a tomar un café y un tostado, pero yo no puedo, tengo que ir a la facultad: estudio Antropología Social. Tengo clases de 8 a 10 y a veces también de 6 a 8h, y, además, tengo una asignatura los sábados por la mañana. A las 10h, después de clase, me reúno con mis compañeros en el café frente a la facultad: estudiamos (siempre estudiamos en los cafés), criticamos a los profesores y "arreglamos" el mundo entre tazas de café hasta pasada la medianoche. Cuando vuelvo a casa, como lo que encuentro (mi madre me deja comida aunque yo le digo que no) y estudio un par de horas. Los sábados, después de clase, hago la compra, voy al club a nadar un rato y por la noche me encuentro con mis amigos. Muchos jóvenes van a discotecas o a bares de copas, pero nosotros preferimos ir a una cinemateca o quedar en una casa para cocinar algo entre todos, conversar, tocar la guitarra o jugar juegos de mesa hasta el amanecer. Cuando tenemos dinero (muy raramente) vamos a algún recital o al cine y después a comer una pizza o "nos instalamos" en un café durante horas. ¿Cuándo duermo? Los domingos, claro, hasta las 5h de la tarde por lo menos. Luego, limpio un poco la casa. En época de éxamenes, mis amigos vienen a estudiar aquí conmigo.

SOLEDAD

M i rutina diaria... ¡Ufff! Me levanto a las seis, con mis hijas, Yamila y Andrea, que entran al cole a las siete... Andrea tiene trece años, así que todavía nos quedan cuatro años de madrugar. Cuando se van, preparo la ropa y el desayuno de Osvaldo, mi marido, y recojo un poco la casa. A las 8h me quedo sola, hago la compra, preparo la comida para el mediodía y, dos veces por semana, voy al gimnasio. A veces paso por la casa de mi hijo, que vive solo, y le dejo un táper con comida y limpio un poco su casa. ¡Es un desastre! No entiendo por qué no se queda en casa con nosotros... A las dos llegan las niñas y mi padre. Almorzamos juntos los cuatro, lavo los platos, me arreglo y luego me voy a trabajar: soy profesora de inglés en una academia y trabajo de 5 a 9. Papá se queda con Andrea y la ayuda con los deberes hasta que mi marido vuelve del trabajo. Vuelvo a casa a las 10h y comemos los cuatro juntos (Osvaldo y Yamila preparan la cena). Normalmente vemos la tele cuando comemos. Después, corrijo las tareas de mis alumnos y preparo las clases del día siguiente. Duermo muy poco, unas cinco horas diarias. Pero no puedo hacer otra cosa: la vida está dura, y con dos hijas adolescentes... Por suerte Osvaldo y papá me ayudan. Los sábados por la mañana tengo algunas clases privadas. Luego juego al tenis con Osvaldo y otra pareja. Por la tarde vamos al súper y por la noche solemos quedar con amigos. Los domingos son para limpiar la casa y reponer fuerzas, aunque si el día está muy bueno a veces vamos los tres a almorzar en un restaurante de la costanera o a casa de mi hermano Daniel, que vive en las afueras y hace unos asados buenísimos. Yamila ya tiene 17 años y no quiere venir con nosotros. Dice que somos "un plomo"...

B. Ahora, escucha a Caro, una chica cubana que vive en La Habana. Es filóloga y tiene 24 años. ¿Tiene muchas cosas en común con Ezequiel?

1. SABORES HISPANOS

Lee la descripción de estos platos de la cocina hispana. ¿Qué platos quieres probar? ¿Cuáles no? ¿Por qué?

IGUANA • HONDURAS
Carne de iguana guisada con chiles, ajos, tomate, cebollas, comino, coco rallado y zumo de naranja.

AJIACO A LA CRIOLLA • CUBA
Tocino y carne de cerdo guisados con plátano, batata, maíz y calabaza.

PERREREQUE • NICARAGUA
Pastel de maíz, queso, azúcar, canela y crema de leche dulce.

CEVICHE • PERÚ
Pescado crudo encurtido en limón con cebolla y pimientos. Se sirve con lechuga, maíz y batatas.

CAZUELA DE AVE • CHILE
Pollo guisado con patatas, cebollas, cilantro y judías verdes.

CHIVITOS • URUGUAY
Carne de ternera en pan con lechuga, tomate, mayonesa y huevo duro.

MOLE POBLANO • MÉXICO
Pavo frito y cocido luego en una salsa de chiles, ajonjolí, cebolla, ajo, pan, azúcar, pimienta, canela, chocolate y clavo. Se sirve con ajonjolí tostado, uvas pasas y almendras.

PISTO • ESPAÑA
Guisado de tomates, cebollas, pimientos y calabacines.

PASTELÓN DE PLATANOS AMARILLOS • REPÚBLICA DOMINICANA
Pastel hecho con puré de plátanos y relleno con un queso parecido a la mozzarella y una mezcla de carne picada saltada con cebolla, ají, orégano, pimienta y salsa de tomate.

SOBREBARRIGA • COLOMBIA
Carne asada con cerveza. Se sirve con patatas y arroz seco.

CHIPÁ A LA GUAZÚ • PARAGUAY
Pastel al horno de maíz, cebollas, leche, huevos y queso.

CARBONADA EN ZAPALLO • ARGENTINA
Guiso de carne de ternera, calabaza, arroz, maíz y pimientos, servido en una calabaza.

2. NUEVOS ALIMENTOS

A. Di si las siguientes afirmaciones son verdaderas o falsas.

	V	F
1. La primera receta de la tortilla de patatas que se conserva data del siglo XIV.	☐	☐
2. El cacao se utiliza como moneda en algunas culturas precolombinas.	☐	☐
3. El tomate es considerado venenoso cuando llega a Europa.	☐	☐
4. Los colonizadores europeos aprenden de los indígenas americanos avanzadas técnicas para la cría de cerdos y vacas.	☐	☐
5. El trigo y el maíz son dos de las mayores aportaciones del continente americano a la alimentación mundial.	☐	☐

B. Ahora, lee el siguiente texto para comprobar si has acertado con tus respuestas.

El descubrimiento de la patata

Las diferentes dietas de los países europeos tienen como base productos originarios de América. Productos tan presentes en nuestra vida cotidiana como la patata, el tomate, el maíz, el calabacín, el pimiento, el aguacate, los cacahuetes o el cacao, entre otros, son traídos a Europa después de la llegada de Colón al "nuevo mundo" a finales del siglo XV.

¿Pueden un alemán o un irlandés imaginar sus vidas sin patatas? ¿Y un español sin tortilla española? ¿Puede vivir un italiano sin espaguetti a la boloñesa o con pizza sin tomate? ¿Y un suizo sin chocolate? ¿Y la comida rápida de todo el planeta sin "ketchup" y patatas fritas?

Desgraciadamente, con el contacto con el continente americano, también llegan a Europa productos menos beneficiosos para el ser humano como, por ejemplo, el tabaco.

Cuando las culturas entran en contacto se "prestan" costumbres, se influencian unas a otras. Esto también sucede en la alimentación: aquí tienes algunas informaciones curiosas sobre los alimentos de origen americano:

• Dice la leyenda azteca que el cacao es un regalo de los dioses para dar fuerza al hombre. Cuando llega a Europa, se convierte en bebida de las clases altas y su consumo no se generaliza hasta el siglo XIX.

• En tiempo de los mayas se utilizan semillas de cacao como moneda.

• La cultura azteca desarrolla un avanzado sistema de producción agrícola que les permite obtener hasta tres cosechas al año.

• Cuando el tomate llega a Europa es considerado venenoso y los pocos que lo cultivan lo utilizan exclusivamente como decoración.

• Los colonizadores llevan a América cerdos, vacas y otros animales domésticos, que no sufren problemas de adaptación en el nuevo entorno.

• Al principio, el cultivo en América de plantas típicamente mediterráneas (como la vid, el olivo y los cereales) resulta difícil.

• El trigo y el arroz, ya presentes en las culturas europea y asiática, se encuentran en América con el maíz. De esta manera, se sientan las bases de la alimentación moderna.

1. MADRID, BARCELONA, SEVILLA

A. ¿Conoces estas ciudades? Una agencia de publicidad ha lanzado una campaña promocional para potenciar algunos de los aspectos más característicos de estas tres ciudades. ¿Qué ciudad te parece más atractiva?

MADRID SUS MUSEOS

El Museo del Prado
La mayor colección de pintura española de los siglos XII al XIX: Velázquez, El Greco, Goya...

El Centro de Arte Reina Sofía
La mejor colección española de arte del siglo XX. Entre su fondo, destaca el *Guernica*, el famoso cuadro de Picasso sobre la Guerra Civil española.

El Museo Thyssen-Bornemisza
Una de las colecciones privadas más importantes del mundo. El antiguo palacio de Villahermosa, convertido hoy en museo, alberga obras maestras de todos los movimientos de la historia del arte: Gótico, Renacimiento, Barroco, Impresionismo, Expresionismo, Surrealismo, Cubismo, *Pop Art*...

Barcelona: la ciudad de la... arquitectura

el barrio gótico
Una de las joyas góticas mejor conservadas de Europa. Un paseo por sus calles y una visita a la Catedral y a la iglesia Santa María del Mar transportan al viajero a un mundo que pertenece a la Edad Media.

gaudí
Sus obras modernistas como La Pedrera, La Casa Batlló, el Parque Güell o la Sagrada Familia son verdaderos símbolos de la ciudad.

el ensanche
La ampliación urbanística de Ildefons Cerdá ha hecho famosa a la ciudad por sus manzanas y sus calles cuadriculadas.

la barcelona olímpica
La transformación de un antiguo barrio industrial en la Vila Olímpica y la remodelación de las instalaciones deportivas en la montaña de Montjuic muestran una ciudad en constante evolución.

SEVILLA Fiesta y tradición

La Semana Santa
Calles inundadas de gente: miles de sevillanos y visitantes acompañan las procesiones al ritmo de una música solemne. Aplausos y cantes dedicados a las imágenes religiosas que llevan los miembros de las cofradías.

La Feria de Abril
Un recinto adornado con flores, luces y centenares de casetas para cantar y bailar al ritmo de las sevillanas, comer los exquisitos platos del sur y beber los mejores vinos de Andalucía. La mejor forma de dar la bienvenida a la primavera.

B. ¿Sabes otras cosas sobre Madrid, Barcelona y Sevilla?

 **C.** Estas personas te van a explicar otras cosas interesantes sobre estas tres ciudades. ¿Cuál de las tres ciudades quieres visitar?

Alicia (Madrid)

Marta (Barcelona)

Alfredo (Sevilla)

1. EL HORÓSCOPO MAYA

A. Los mayas, una de las civilizaciones más avanzadas e importantes de la América precolombina, crearon un zodíaco de 13 signos basado en su calendario lunar. Busca tu signo y lee la descripción. ¿Eres así?

MURCIÉLAGO (Tzootz)
26 de julio / 22 de agosto

Color: negro **Verbo:** "descubrir" **Estación del año:** el invierno **Número:** el 1

Son luchadores, fuertes y decididos. Les gusta dar órdenes y tomar decisiones. Están muy seguros de sí mismos y, a veces, son autoritarios. Primero actúan y luego piensan. Les gusta trabajar solos. Son excelentes políticos, empresarios, escritores y humoristas.

ALACRÁN (Dzec)
23 de agosto / 19 de septiembre

Color: dorado **Verbo:** "observar" **Estación del año:** el otoño **Número:** el 2

A primera vista, inspiran respeto. Son muy reservados y no manifiestan sus sentimientos. Prefieren pasar inadvertidos. Cuando conocen a alguien, lo analizan con detenimiento. Tienen una memoria de elefante. Son agradecidos y justos, pero también vengativos. Trabajan bien en cualquier oficio. Como son organizados y metódicos, son excelentes en tareas administrativas.

VENADO (Keh)
20 de septiembre / 17 de octubre

Color: naranja y amarillo **Verbo:** "seducir" **Estación del año:** el principio de la primavera **Número:** el 3

Son los más sensibles del zodíaco. Son frágiles y se asustan con facilidad. Cuidan mucho su imagen. Tienen talento para el arte y detestan la rutina. Necesitan cambiar y crear.

LECHUZA (Mona)
18 de octubre / 14 de noviembre

Color: azul intenso **Verbo:** "intuir" **Estación del año:** el otoño **Número:** el 4

Son los brujos del zodíaco maya: pueden leer el pensamiento, anticiparse al futuro y curar dolores del cuerpo y del alma con una caricia o una infusión de hierbas. Al principio son tímidos, pero cuando toman confianza son bastante parlanchines. Les gusta la noche. Destacan en medicina, psicología y, en general, en las ciencias naturales.

PAVO REAL (Kutz)
15 de noviembre / 12 de diciembre

Color: irisado **Verbo:** "yo soy" **Estación del año:** la primavera **Número:** el 5

Tienen alma de estrella de cine. Son extrovertidos, sociables, carismáticos y seductores. Les gusta ser el centro de atención en todo momento. Una de sus armas es el humor. En el trabajo, prefieren puestos de liderazgo: les encanta dar órdenes y tener gente a su cargo. Necesitan destacar. Son excelentes comunicadores.

LAGARTO (Kibray)
13 de diciembre / 9 de enero

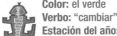

Color: el verde **Verbo:** "cambiar" **Estación del año:** el verano **Número:** el 6

Su gran pregunta es "¿Quién soy?". Están en constante cambio, su personalidad es multifacética. Son generosos, sencillos, metódicos y ordenados, pero necesitan mucho tiempo para tomar decisiones. Son personas inteligentes, analíticas, de buena memoria y con capacidad para el estudio. Pueden llegar a ser grandes científicos.

MONO (Batz Kimil)
10 de enero / 6 de febrero

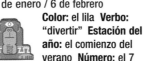

Color: el lila **Verbo:** "divertir" **Estación del año:** el comienzo del verano **Número:** el 7

Son felices si tienen algo que descubrir, si viven nuevas aventuras o sienten nuevas emociones. Su mente es tan inquieta como su cuerpo: no paran de pensar. Hacer reír es su especialidad y siempre encuentran el lado gracioso de las cosas. Tienen fama de inconstantes: en el amor son inestables y cambian muchas veces de trabajo. Odian sentirse esclavos de la rutina.

HALCÓN (Coz)
7 de febrero / 6 de marzo

Color: el violeta **Verbo:** "poder" **Estación del año:** el verano **Número:** el 8

Desde niños, tienen una personalidad definida y un carácter fuerte. De jóvenes, son ambiciosos: buscan su triunfo profesional y no descansan hasta conseguirlo. Tienen una mente despierta y un gran sentido del deber y de la responsabilidad. A partir de los 50 años, su vida cambia: ya no les interesan las cosas mundanas y comienzan su búsqueda espiritual. Son buenos políticos y diplomáticos.

JAGUAR (Balam)
7 de marzo / 3 de abril

Color: el rojo **Verbo:** "desafiar" **Estación del año:** el final del verano **Número:** el 9

Son personas apasionadas y directas. Saben lo que quieren y siempre lo consiguen. Son valientes y altruistas. Son seductores y, de jóvenes, cambian mucho de pareja. No se casan fácilmente. Tienen un espíritu nómada. Necesitan sentir pasión en su vida profesional y, si se aburren, cambian de trabajo.

ZORRO (Fex)
4 de abril / 1 de mayo

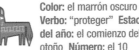

Color: el marrón oscuro **Verbo:** "proteger" **Estación del año:** el comienzo del otoño **Número:** el 10

Han nacido para amar. Muchas veces se olvidan de sus propias necesidades y deseos para ayudar a los demás. Sienten el dolor de los demás como propio. Su modo de vida es sencillo, sin grandes ambiciones. Son muy buenos para trabajar en equipo. Tienen muchas cualidades para ser abogados, jardineros o médicos.

SERPIENTE (Kan)
2 de mayo / 29 de mayo

Color: el azul verdoso **Verbo:** "poseer" **Estación del año:** el invierno **Número:** el 11

Aman el lujo, el confort y el refinamiento. Son elegantes por naturaleza y suelen tener un buen nivel económico. Tienen fama de ambiciosos. Aunque son competidores leales, es mejor no interponerse en su camino. Para ellos, lo importante no es la profesión, sino destacar en ella. Por su capacidad de observación tienen talento para las letras.

ARDILLA (Tzub)
30 de mayo / 26 de junio

Color: el verde limón. **Verbo:** "comunicar". **Estación del año:** el final del otoño. **Número:** el 12

Son los más parlanchines del zodíaco. No saben guardar un secreto. Son sociables y excelentes para las relaciones públicas. Son personas activas y pueden hacer varias cosas al mismo tiempo. Cambian muy rápido de opinión. Son excelentes vendedores y triunfan en el mundo del espectáculo.

TORTUGA (Aak)
27 de junio / 25 de julio

Color: el verde esmeralda **Verbo:** "amar" **Estación del año:** el verano **Número:** 13

Son hogareños y pacíficos. Evitan los riesgos y no confían en los resultados fáciles. Disfrutan más las cosas cuando han luchado para conseguirlas. Son conservadores, creen en la buena educación y en la ética, y son nobles por naturaleza. Destacan en las carreras humanísticas y en las que les permiten ayudar a los demás (médicos, enfermeros, profesores, etc.). Su paciencia y perseverancia les asegura el éxito en cualquier profesión.

B. ¿Y tus compañeros de curso? Pregunta cuál es su signo a algunos de ellos y comprueba si la descripción del horóscopo maya es acertada.

C. Si tienes que elegir pareja, un amigo, un colega de trabajo, un jefe y un compañero de piso, ¿qué signo del zodíaco maya prefieres?

1. VIVIR SOLO

A. Lee el siguiente cómic y busca en el diccionario adjetivos para describir al protagonista.

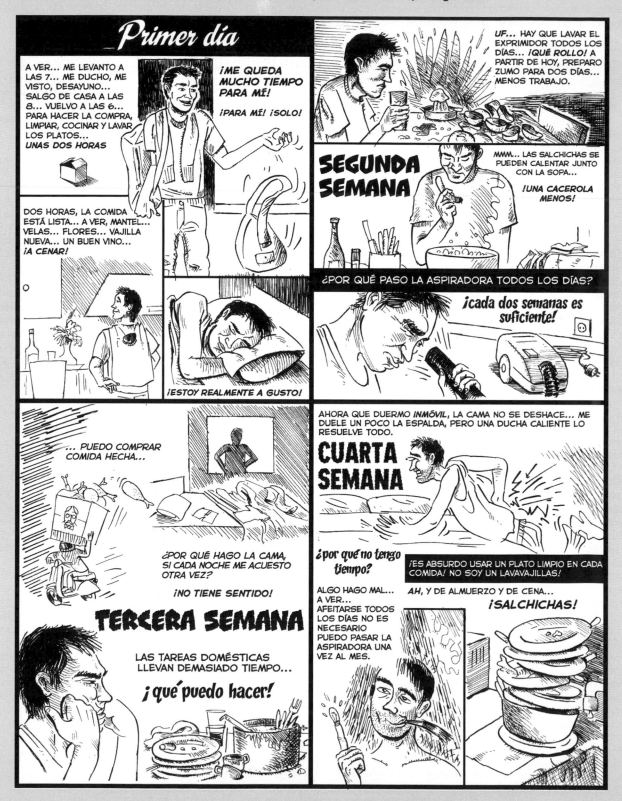

B. Imagina que el protagonista del cómic te pide ayuda para intentar vivir solo otra vez.
¿Puedes organizar su agenda semanal? Escríbelo.

1. MUJERES

A. Aquí tienes la biografía de tres personajes destacados de la cultura hispana. Léelas y decide cuál de los siguientes títulos pondrías a cada una de ellas.

1. Vanguardia feminista   **2. Rescatar la tradición**   **3. Pintar el propio dolor**

Alicia Moreau de Justo

De padres franceses, nació en Londres en 1885, pero se crió en Buenos Aires, donde terminó la carrera de Medicina en 1914 con diploma de honor. Comenzó su actividad intelectual en 1906, en el Foro de Libre Pensamiento, con un trabajo sobre educación y, ese mismo año, fundó el Centro Feminista. Fundó la Confederación Socialista de su país y luchó toda su vida por los derechos de la mujer. Ejerció el periodismo (dirigió la revista *Vida femenina*), escribió libros, fue una activa pacifista y, con 90 años, fundó la Asamblea Permanente por los Derechos Humanos. Falleció en 1986.

Violeta Parra

Nació en 1917 en el sur de Chile, de madre campesina y "cantora" y padre profesor de música. Empezó a componer y a cantar en público a los 12 años. A los 15 años, se traslada a Santiago y forma un dúo con una de sus hermanas. A partir de 1952 empezó a recorrer zonas rurales grabando y recopilando música folclórica de los más variados rincones del país, lo que le permitió llevar a cabo una síntesis cultural y rescatar una tradición de inmensa riqueza. Así comenzó su lucha contra las visiones estereotipadas de América Latina, difundiendo en Europa la tradición folclórica de su país. Los temas populares y los problemas sociales fueron una constante en sus composiciones. Compuso canciones, décimas, música instrumental... Aunque no militó en política, ha sido caracterizada como "la voz de los marginados", razón por la cual sus canciones fueron prohibidas en muchos países. Fue también ceramista, pintora, escultora, bordadora... Se suicidó en 1967.

Frida Kahlo

Nació en Coyoacán (México) en 1907. Aunque compartió los ideales de los muralistas mexicanos (estuvo casada con el gran muralista Diego Rivera y se relacionó con los representantes de este movimiento), Frida Kahlo creó una pintura personal, ingenua y profundamente metafórica al mismo tiempo, derivada de su exaltada sensibilidad y de varios acontecimientos que marcaron su vida. A los dieciocho años sufrió un gravísimo accidente que la obligó a una larga convalecencia, durante la cual aprendió a pintar, y que influyó con toda probabilidad en la formación del complejo mundo psicológico que se refleja en sus obras. En su búsqueda de las raíces estéticas de México, Frida Kahlo realizó espléndidos retratos de niños y obras inspiradas en la iconografía mexicana anterior a la conquista. Sin embargo, son las telas que exponen fundamentalmente los aspectos dolorosos de su vida, en gran parte postrada en una cama, las que la han convertido en una figura destacada de la pintura mexicana del siglo XX. Murió en 1954.

MÁS
GRAMÁTICA

- Cuando, al realizar una actividad, tengas una duda o quieras entender mejor una regla gramatical, puedes consultar este resumen.

- Como verás, los contenidos no están ordenados por lecciones sino en torno a las categorías gramaticales.

- Además de leer atentamente las explicaciones, fíjate también en los ejemplos: te ayudarán a entender cómo se utilizan las formas lingüísticas en la comunicación real.

ALFABETO

A	a	H	hache	Ñ	eñe	U	u
B	be	I	i	O	o	V	uve
C	ce	J	jota	P	pe	W	uve doble
D	de	K	ca	Q	cu		
E	e	L	ele	R	erre	X	equis
F	efe	M	eme	S	ese	Y	i griega
G	ge	N	ene	T	te	Z	ceta/zeta

 Recuerda

- Las letras tienen género femenino: **la a**, **la be...**
- A excepción de la **ll** y de la **rr**, no hay consonantes dobles.
- En algunos países de Latinoamérica, las letras **be** y **uve** se llaman **be larga** y **ve corta**.

LETRAS Y SONIDOS

► En general, a cada letra le corresponde un sonido y a cada sonido le corresponde una letra, pero hay algunos casos especiales.

La **C** corresponde a dos sonidos:

[k], delante de **a, o, u** y al final de una sílaba: **casa**, **copa**, **cuento**, **acto.**

[θ] (como la **th** de *nothing* en inglés), delante de **e** e **i**: **cero**, **cien.** *

La **CH** se pronuncia [t∫], como *chat* en inglés.

La **G** corresponde a dos sonidos:

[x], delante de **e** e **i**: **genio**, **ginebra.**

[g], delante de **a, o** y **u**: **gato**, **gorro**, **gustar**. Delante de **e** e **i**, ese sonido se transcribe colocando después de la **g** una **u** muda: **guerra**, **guitarra**. Para que la **u** suene, se usa la diéresis: **vergüenza**, **lingüística.**

La **H** no se pronuncia nunca.

La **J** corresponde siempre al sonido [x]. Aparece siempre que este sonido va seguido de **a, o** y **u**: **jamón**, **joven**, **juego**. Y, a veces, cuando va seguido de **e** e **i**: **jefe**, **jinete.**

La **K** corresponde al sonido [k]. Se usa muy poco, generalmente solo en palabras procedentes de otras lenguas: **kilo**, **Irak.**

La **LL** tiene diferentes pronunciaciones según las regiones, pero casi todos los hablantes de español la producen de manera semejante a la **y** de *you* en inglés.

QU corresponde al sonido [k]. Solo se usa cuando este sonido va seguido de **e** o **i**: **queso**, **química.**

R/RR corresponde a un sonido fuerte cuando va al comienzo de la palabra (**rueda**), cuando se escribe doble (**arroz**), al final de una sílaba (**corto**) o después de **l** o **n** (**alrededor**).

La **V** se pronuncia igual que la **b**.

La **W** se usa solo en palabras procedentes de otras lenguas. Se pronuncia **gu** o **u** (**web**) y, a veces, como **b**: **wáter**.

La **Z** corresponde al sonido [θ]. Aparece siempre que este sonido va seguido de **a**, de **o**, de **u**, o al final de una sílaba (**zapato**, **zona**, **zurdo**, **paz**) y únicamente en estos casos. **

* En toda Latinoamérica, en el sur de España y en Canarias la **c** se pronuncia [s] en estos casos.

** En toda Latinoamérica, en el sur de España y en Canarias, la **z** siempre se pronuncia [s].

ACENTUACIÓN

► En español, todas las palabras tienen una sílaba fuerte.

Cuando la sílaba fuerte es la última, se llaman palabras agudas: **canción**, **vivir**, **mamá**.

Cuando la sílaba fuerte es la penúltima, se llaman palabras graves o llanas. Son la mayoría: **casa**, **árbol**, **lunes**.

Cuando la sílaba fuerte es la antepenúltima, se llaman palabras esdrújulas: **matemáticas**, **práctico**.

Cuando la sílaba fuerte es la cuarta empezando por detrás, se llaman palabras sobreesdrújulas: **diciéndomelo**.

► No todas las palabras llevan acento gráfico. Las reglas generales para la acentuación son las siguientes.

Las palabras agudas llevan tilde cuando terminan en **-n**, **-s** o vocal: **canción**, **jamás**, **papá**.

Las palabras llanas llevan tilde cuando no terminan en **-n**, **-s** o vocal: **trébol**, **mártir**, **álbum**.

Las palabras esdrújulas y sobreesdrújulas llevan siempre tilde: **sólido**, **matemáticas**, **contándoselo**.

➡ Recuerda

En español, los signos de exclamación y de interrogación se colocan al comienzo y al final de la frase.

NUMERALES

0 **cero**	16 **dieciséis**	32 **treinta y dos**
1 **un(o/a)**	17 **diecisiete**	33 **treinta y tres**
2 **dos**	18 **dieciocho**	34 **treinta y cuatro**
3 **tres**	19 **diecinueve**	35 **treinta y cinco**
4 **cuatro**	20 **veinte**	36 **treinta y seis**
5 **cinco**	21 **veintiún(o/a)**	37 **treinta y siete**
6 **seis**	22 **veintidós**	38 **treinta y ocho**
7 **siete**	23 **veintitrés**	39 **treinta y nueve**
8 **ocho**	24 **veinticuatro**	40 **cuarenta**
9 **nueve**	25 **veinticinco**	50 **cincuenta**
10 **diez**	26 **veintiséis**	60 **sesenta**
11 **once**	27 **veintisiete**	70 **setenta**
12 **doce**	28 **veintiocho**	80 **ochenta**
13 **trece**	29 **veintinueve**	90 **noventa**
14 **catorce**	30 **treinta**	99 **noventa y nueve**
15 **quince**	31 **treinta y un(o/a)**	100 **cien**

► El número 1 tiene tres formas: **un/una** cuando va antes de un sustantivo masculino o femenino (**Tiene un hermano** / **Tengo una hermana**) y **uno** cuando va solo y se refiere a un sustantivo masculino (**No te puedo prestar mi lápiz, solo tengo uno**).

► Hasta el 30, los números se escriben con una sola palabra: **dieciséis**, **veintidós**, **treinta y uno**...

► La partícula **y** se usa solo entre decenas y unidades: **noventa y ocho** (98), **trescientos cuatro** (304), **trescientos cuarenta y seis mil** (346 000).

101	**ciento** un(o/a)	1000	mil
102	**ciento** dos	2000	dos mil
...		...	
200	doscientos/as	10 000	diez mil
300	trescientos/as	...	
400	cuatrocientos/as	100 000	cien mil
500	**quinientos**/as	200 000	doscientos/as mil
600	seiscientos/as	...	
700	**sete**cientos/as	1 000 000	un millón
800	ochocientos/as	2 000 000	dos millones
900	**nove**cientos/as	1 000 000 000	mil millones

► Las centenas concuerdan en género con el sustantivo al que se refieren: **Cuesta doscientos euros** / **Cuesta doscientas libras**.

► **Cien** solo se usa para una centena completa (100). Si lleva detrás decenas o unidades, se convierte en **ciento**: **ciento cinco** (105), **ciento ochenta** (180), pero **cien mil** (100 000).

► 1000 se dice **mil** (pero **dos mil**, **tres mil**).

► Con los millones se usa **de**: **cuarenta millones de habitantes** (40 000 000), pero no se coloca esta preposición si hay alguna cantidad después del millón: **cuarenta millones diez habitantes** (40 000 010).

¡Atención!

En español, **un billón** es un millón de millones: 1 000 000 000 000.

GRUPO NOMINAL

► El grupo nominal se compone del nombre o sustantivo y de sus determinantes y calificativos: adjetivos, frases subordinadas adjetivas y grupos nominales. Las partes del grupo nominal concuerdan en género y en número con el sustantivo.

GÉNERO Y NÚMERO

GÉNERO

► En español, solo hay dos géneros: masculino y femenino. En general, son masculinos los sustantivos que terminan en **-o**, **-aje**, **-ón** y **-r**, y son femeninos los terminados en **-a**, **-ción**, **-sión**, **-dad**, **-tad** y **-ez**. Sin embargo, hay muchas excepciones: **el mapa, la mano**... Los sustantivos que terminan en **-e** o en otras consonantes pueden ser masculinos o femeninos: **la nube, el hombre, el** o **la cantante, el árbol, la miel,** etc.

► Los sustantivos de origen griego terminados en **-ema** y **-oma** son masculinos: **el problema, el cromosoma**. Las palabras de género femenino que comienzan por **a** o **ha** tónica llevan el artículo **el** en singular, pero el adjetivo va en femenino: **el agua clara, el hada buena**. En plural, funcionan de forma normal: **las aguas claras, las hadas buenas**.

► El femenino de los adjetivos se forma, en general, cambiando la **-o** final por una **-a** o agregando una **-a** a la consonante **r**: **bueno, buena**; **trabajador, trabajadora**, etc. Los adjetivos que terminan en **-e**, **-ista** u otras consonantes tienen la misma forma en masculino y en femenino: **inteligente, egoísta, capaz, principal**.

NÚMERO

► El plural de sustantivos y de adjetivos se forma agregando **-s** a los terminados en vocal (**perro ➡ perros**) y **-es** a los terminados en consonante (**camión ➡ camiones**). Si la palabra termina en **-z**, el plural se escribe con **c**: **pez ➡ peces**.

► Los sustantivos y los adjetivos que, en singular, terminan en **-s** hacen el plural dependiendo de la acentuación. Si se acentúan en la última sílaba, agregan **-es**: **el autobús ➡ los autobuses**. Si no se acentúan en la última sílaba, no cambian en plural: **la crisis ➡ las crisis**.

► Los sustantivos y los adjetivos terminados en **-í** o **-ú** acentuadas forman el plural con **-s** o con **-es**: **israelí ➡ israelís/israelíes, hindú ➡ hindús/hindúes**.

ARTÍCULO

► Existen dos tipos de artículos en español: los determinados y los indeterminados.

ARTÍCULO INDETERMINADO

► Los artículos indeterminados (**un, una, unos, unas**) se usan para mencionar algo por primera vez, cuando no sabemos si existe o para referirnos a un ejemplar de una categoría.

- *Luis es **un** amigo de mi hermano.*
- *¿Tienes **una** goma?*
- *Trabajan en **una** fábrica de zapatos.*

► No usamos los artículos indeterminados para informar sobre la profesión de alguien.

- *¿A qué te dedicas?*
- ○ *Soy estudiante. / Soy ~~un~~ estudiante.*

► Pero sí los usamos cuando identificamos a alguien por su profesión o cuando lo valoramos.

- *¿Quién es Carlos Fuentes?*
- ○ *Es **un** escritor mexicano.*

- *Mi hermano es **un** médico muy bueno.*

► Los artículos indeterminados no se combinan con **otro, otra, otros, otras, medio, cien(to)** o **mil**.

- *Quiero otra taza de café. / ~~una~~ otra taza*
- *Quiero medio kilo de tomate. / ~~un~~ medio kilo*
- *Pagué cien euros por la blusa pero vale mil. / ~~un~~ cien*

ARTÍCULO DETERMINADO

► Los artículos determinados (**el, la, los, las**) se utilizan cuando hablamos de algo que sabemos que existe, que es único o que ya se mencionó.

- ***Los** empleados de esta oficina trabajan muy poco.*
- ***El** padre de Miguel es juez.*
- *Trabajan en **la** fábrica de conservas del pueblo.*

► En general, no se usan con nombres de personas, de continentes, de países y de ciudades, excepto cuando el artículo es parte del nombre: **La Habana, El Cairo, La Haya, El Salvador**. Con algunos países, el uso es opcional: **(La) India, (El) Brasil, (El) Perú**, etc.

► También los usamos cuando nos referimos a un aspecto o a una parte de un país o de una región: **la España verde**, **la Inglaterra victoriana**, **el Madrid de los Austrias**.

► Con las formas de tratamiento y con los títulos, usamos los artículos en todos los casos excepto para dirigirnos a nuestro interlocutor.

  ● **La** *señora González vive cerca de aquí, ¿no?*
  ● *Señora González, ¿dónde vive?*

➡ Recuerda

Cuando hablamos de una categoría o de sustantivos no contables, no usamos el artículo.

  ● *¿Tienes ordenador?*
  ● *Necesito leche para el postre.*

La presencia del artículo determinado indica que ya se había hablado antes de algo.

  ● *He comprado leche y huevos.*
    (= informo qué compré)
  ● *He comprado **la** leche y **los** huevos.*
    (= ya hemos dicho antes que era necesario comprar esas cosas)

DEMOSTRATIVOS

► Sirven para referirse a algo indicando su cercanía o su lejanía respecto a la persona que habla.

cerca de quien habla	cerca de quien escucha	lejos de ambos
este	ese	aquel
esta	esa	aquella
estos	esos	aquellos
estas	esas	aquellas

  ● **Este** *edificio es del siglo XVI.*
  ○ *¿Y **ese**?*
  ● **Ese** *también es del siglo XVI.*

► Además de las formas de masculino y de femenino, existen formas neutras (**esto**, **eso**, **aquello**) que sirven para referirse a algo desconocido o que no queremos o no podemos identificar con un sustantivo.

  ● *¿Qué es **eso** que tienes en la mano?*
  ○ *¿**Esto**? Un regalo para mi madre.*

  ● **Aquello** *sigue sin resolverse.*

► Los demostrativos están en relación con los adverbios de lugar **aquí**, **ahí** y **allí**.

AQUÍ	AHÍ	ALLÍ
este chico	**ese** chico	**aquel** chico
esta chica	**esa** chica	**aquella** chica
estos amigos	**esos** amigos	**aquellos** amigos
estas amigas	**esas** amigas	**aquellas** amigas
esto	**eso**	**aquello**

POSESIVOS

► Los posesivos que van antes del sustantivo se utilizan para identificar algo o a alguien refiriéndose a su poseedor. Varían según quién es el poseedor (**yo** ➡ **mi casa**, **tú** ➡ **tu casa**…) y concuerdan en género y en número con la lo poseído (**nuestra casa**, **sus libros**, etc.).

(yo)	**mi** libro/casa	**mis** libros/casas
(tú)	**tu** libro/casa	**tus** libros/casas
(él/ella/usted)	**su** libro/casa	**sus** libros/casas
(nosotros/as)	**nuestro** libro	**nuestros** libros
	nuestra casa	**nuestras** casas
(vosotros/as)	**vuestro** libro	**vuestros** libros
	vuestra casa	**vuestras** casas
(ellos/as, ustedes)	**su** libro/casa	**sus** libros/casas

► Los posesivos **su/sus** se pueden referir a diferentes personas (él, ella, usted, ellos, ellas, ustedes). Por eso, solo los usamos cuando no existe posibilidad de confusión.

  ● *Esos son Guillermo y **su** novia, Julia.*
  ● *Señor Castro, ¿es este **su** paraguas?*

► Si no queda claro el poseedor, utilizamos **de** + nombre:

  ● *Esta es la casa **de** Manuel y esa, la **de** Jorge.*

► Existe otra serie de posesivos.

mío	**mía**	**míos**	**mías**
tuyo	**tuya**	**tuyos**	**tuyas**
suyo	**suya**	**suyos**	**suyas**
nuestro	**nuestra**	**nuestros**	**nuestras**
vuestro	**vuestra**	**vuestros**	**vuestras**
suyo	**suya**	**suyos**	**suyas**

Estos posesivos se usan en tres contextos.

- Para dar y pedir información sobre a quién pertenece algo.

  ● *¿Es **tuyo** este coche?*
  ○ *Sí, es **mío**.*

- Detrás del sustantivo y acompañado del artículo indeterminado u otros determinantes.

> ● *He visto a **un** amigo **tuyo**.*
> ○ *¿Sí? ¿A quién?*

- Con artículos determinados, sutituyendo a un sustantivo ya mencionado o conocido por el interlocutor.

> ● *¿Esta es tu maleta?*
> ○ *No, **la mía** es verde.*

ADJETIVO CALIFICATIVO

► Los adjetivos concuerdan siempre en género y en número con el sustantivo. El adjetivo, en español, se coloca casi siempre detrás del sustantivo. Cuando se coloca delante, puede cambiar su significado.

Un hombre **pobre** = un hombre con poco dinero
Un **pobre** hombre = un hombre desgraciado

► Los adjetivos **bueno**, **malo**, **primero** y **tercero**, cuando van delante de un nombre masculino singular, pierden la **-o** final: **un buen día**, **un mal momento**, **mi primer libro**. El adjetivo **grande** se convierte en **gran** delante de un nombre singular (masculino o femenino): **un gran día**, **una gran semana**.

> **¡Atención!**
> Nunca se colocan antes del sustantivo los adjetivos que expresan origen, color y forma.

COMPARATIVO

► El comparativo se forma con la estructura: verbo + **más** + adjetivo/sustantivo + **que** + sustantivo.

> ● *María es **más** guapa **que** Rosario.*
> ● *México tiene **más** habitantes **que** Argentina.*

► Hay algunas formas especiales.

más bueno/a ➡ **mejor**	más grande ➡ **mayor**
más malo/a ➡ **peor**	más pequeño/a ➡ **menor**

> **¡Atención!**
> Para hablar de la bondad o para referirnos al sabor de los alimentos usamos **más bueno/a**. Para referirnos al tamaño de algo podemos usar **más grande/pequeño**.

SUPERLATIVO

► El superlativo relativo se forma con la estructura:
el/la/los/las (+ sustantivo) + **más** + adj. (+ **de** sustantivo).

> ● *El Aconcagua es **la** montaña **más** alta **de** América.*
> ● *El lago Titicaca es **el más** alto **del** mundo.*

► El superlativo absoluto se forma con la terminación **-ísimo/a**. Cuando el adjetivo termina en vocal, esta desaparece: **malo ➡ malísimo**. Cuando el adjetivo acaba en consonante, se le agrega la terminación: **difícil ➡ dificilísimo**.

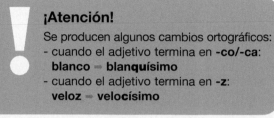

> **¡Atención!**
> Se producen algunos cambios ortográficos:
> - cuando el adjetivo termina en **-co/-ca**:
>   **blanco ➡ blanquísimo**
> - cuando el adjetivo termina en **-z**:
>   **veloz ➡ velocísimo**

CUANTIFICADORES

CUANTIFICADORES + SUSTANTIVOS NO CONTABLES

demasiado pan / **demasiada** sal
mucho pan / **mucha** sal
bastante pan/sal
un poco de pan/sal *
poco pan / **poca** sal *
nada de pan/sal

* Con **un poco de** subrayamos la existencia de algo valorándola positivamente; con **poco** subrayamos su escasez.

> ● *¿Queda café?*
> ○ *Sí, todavía hay **un poco** en la despensa.*

> ● *Queda **poco** café. Tenemos que ir a comprar más.*

CUANTIFICADORES + SUSTANTIVOS CONTABLES

demasiados coches / **demasiadas** horas
muchos coches / **muchas** horas
bastantes coches/horas
pocos coches / **pocas** horas
algún coche / **alguna** hora / **algunos** coches / **algunas** horas
ningún coche / **ninguna** hora

> ● *Marta siempre lleva **muchas** joyas.*
> ● *Necesitamos **algunos** libros nuevos.*
> ● *No tengo **ningún** disco de jazz.*

CUANTIFICADORES + ADJETIVO

demasiado joven/jóvenes
muy alto/alta/altos/altas
bastante tímido/tímida/tímidos/tímidas
un poco caro/cara/caros/caras
poco atractivo/atractiva/atractivos/atractivas
nada simpático/simpática/simpáticos/simpáticas

- • Esa casa es **demasiado** grande.
- • Felipe es **muy** alto.
- • Mi hermano es **bastante** tímido.
- • Este jersey es **un poco** caro.
- • Tu prima Carmen **no** es **nada** simpática.

VERBO + CUANTIFICADORES

corre	**demasiado**
corre	**mucho**
corre	**bastante**
corre	**un poco**
corre	**poco**
no corre	**nada**

- • Comes **demasiado**.
- • Agustín trabaja **mucho**.
- • Mi hermana **no** hace **nada**.

➡ Recuerda

Un, **algún** y **ningún** se convierten en **uno**, **alguno** y **ninguno** cuando no van seguidos del sustantivo.

- • ¿Tienes **algún** diccionario francés-español?
- ○ No, no tengo **ninguno**, pero creo que Carlos tiene **uno**.

► **Demasiado** se usa para expresar un exceso, por lo que tiene siempre un matiz negativo.

- • Este jersey es **demasiado** caro.
- • No me gusta este chico: habla **demasiado** y sonríe **demasiado**.

► Usamos **un poco** delante de adjetivos que expresan cualidades negativas. Con adjetivos que expresan cualidades positivas, podemos utilizar **poco**, con el sentido de "no suficiente".

- • Este diccionario es **un poco** caro, ¿no?
- ○ Sí, además es muy **poco** práctico.

PRONOMBRES PERSONALES

La forma de los pronombres personales cambia según el lugar que ocupan en la oración y su función.

EN FUNCIÓN DE SUJETO

1ª pers. singular	**yo**	• **Yo** me llamo Ana, ¿y tú?
2ª pers. singular	**tú** **usted**	• **Tú** no eres de aquí, ¿verdad?
3ª pers. singular	**él, ella**	• **Él** es argentino y **ella**, española.
1ª pers. plural	**nosotros, nosotras**	• **Nosotras** no vamos a ir a la fiesta; no nos invitaron.
2ª pers. plural	**vosotros, vosotras** **ustedes**	• ¿**Vosotros** trabajáis mañana?
3ª pers. plural	**ellos, ellas**	• **Ellos** son muy amables.

► Los pronombres sujeto se utilizan cuando queremos resaltar la persona por oposición a otras o cuando su ausencia puede llevar a confusión, por ejemplo, en la tercera persona.

- • **Nosotras** estudiamos Biología, ¿y **vosotras**?
- ○ **Yo** estudio Geología y **ellos** Física.

► **Usted** y **ustedes** son, respectivamente, las formas de tratamiento de respeto en singular y en plural. Se usan en relaciones jerárquicas, con desconocidos de una cierta edad o con personas mayores en general. Hay grandes variaciones de uso según el contexto social o geográfico. Se trata de formas de segunda persona, pero tanto el verbo como los pronombres van en tercera persona.

► Las formas femeninas del plural (**nosotras**, **vosotras**, **ellas**) solo se usan cuando todas las componentes son mujeres. Si hay al menos un hombre, se usan las formas masculinas.

► En Latinoamérica, no se usa nunca **vosotros**: la forma de segunda persona del plural es **ustedes**.

► En algunas zonas de Latinoamérica (Argentina, Uruguay y regiones de Paraguay, Colombia y Centroamérica), en lugar de **tú** se usa **vos**.

CON PREPOSICIÓN

1ª pers. singular	mí *	• A **mí** me encanta el cine, ¿y a ti?
2ª pers. singular	ti * usted	• Mira, esto es para **ti**.
3ª pers. singular	él, ella	• ¿Cómo está Arturo? ○ Bien, ayer estuve con **él**.
1ª pers. plural	nosotros, nosotras	• Nunca te acuerdas de **nosotras**...
2ª pers. plural	vosotros, vosotras ustedes	• No tenemos coche. ¿Podemos ir con **vosotros**?
3ª pers. plural	ellos, ellas	• ¿No han llegado tus padres? ¡No podemos empezar sin **ellos**!

* Con la preposición **con**, decimos **conmigo** y **contigo**.

► Detrás de **según**, **como**, **menos** y **excepto**, usamos la forma de los pronombres personales sujeto.

   • **Según tú**, ¿cuál es el mejor disco de los Beatles?

REFLEXIVOS

1ª pers. singular	**me** llamo
2ª pers. singular	**te** llamas / **se** llama
3ª pers. singular	**se** llama
1ª pers. plural	**nos** llamamos
2ª pers. plural	**os** llamáis / **se** llaman
3ª pers. plural	**se** llaman

EN FUNCIÓN DE COMPLEMENTO DE OBJETO DIRECTO (COD)

1ª pers. singular	me	• ¿**Me** llevas al centro?
2ª pers. singular	te lo*, la	• **Te** quiero.
3ª pers. singular	lo*, la	• La carta, **la** escribí yo.
1ª pers. plural	nos	• Desde esa ventana no **nos** pueden ver.
2ª pers. plural	os los, las	• ¿Qué hacéis aquí? A vosotros no **os** invité.
3ª pers. plural	los, las	• Tus libros, **los** tengo en casa.

* Cuando el Complemento de Objeto Directo (COD) hace referencia a una persona singular de género másculino, se admite también el uso de la forma **le**: A Luis **lo/le** veo **todos los días.**

EN FUNCIÓN DE COMPLEMENTO DE OBJETO INDIRECTO (COI)

1ª pers. singular	me	• Siempre **me** dices lo mismo.
2ª pers. singular	te le (se)	• ¿**Te** puedo pedir un favor?
3ª pers. singular	le (se)	• ¿Qué **le** compro a mi madre?
1ª pers. plural	nos	• Esta es la carta que **nos** escribió Arturo.
2ª pers. plural	os les (se)	• Chicos, mañana **os** doy las notas.
3ª pers. plural	les (se)	• A mis padres, **les** cuento todos mis problemas.

- Los pronombres de COI solo se diferencian de los de COD en las formas de la tercera persona.

- Los pronombres de COI **le** y **les** se convierten en **se** cuando van acompañados de los pronombres de COD **lo**, **la**, **los**, **las**: ~~Le lo~~ doy. / **Se lo** doy.

POSICIÓN DEL PRONOMBRE

► El orden de los pronombres es: COI + COD + verbo. Los pronombres se colocan siempre delante del verbo conjugado (excepto en Imperativo).

   • **Me** lavo las manos.
   • **Me** gusta leer.

   • **Me** han regalado un libro.
   ○ ¿Sí? ¿Y quién **te lo** ha regalado?

► Con el Infinitivo y con el Gerundio, los pronombres se colocan después del verbo y forman una sola palabra.

   • Levantar**se** los lunes es duro.

   • ¿Dónde está Edith?
   ○ Duchándo**se**.

► Con porífrasis y con estructuras como **poder/querer** + Infinitivo, los pronombres pueden ir delante del verbo conjugado o detrás del Infinitivo, pero nunca entre ambos.

- *Tengo que comprar**le** un regalo a mi novia.*
- ***Le** tengo que comprar un regalo a mi novia.*
- ~~*Tengo que **le** comprar un regalo a mi novia.*~~

- *¿Puedo lavar**me** las manos?*
- *¿**Me** puedo lavar las manos?*
- ~~*¿Puedo **me** lavar las manos?*~~

INTERROGATIVOS

► Los pronombres y los adverbios interrogativos reemplazan al elemento desconocido en preguntas de respuesta abierta.

QUÉ, CUÁL/CUÁLES

► En preguntas abiertas sin referencia a ningún sustantivo, usamos **qué** para preguntar por cosas.

- *¿**Qué** le has regalado a María?*
- *¿**Qué** hiciste el lunes por la tarde?*

► Cuando preguntamos por una cosa o por una persona dentro de un conjunto, usamos **qué** o **cuál/cuáles** dependiendo de si aparece o no el sustantivo.

- *¿**Qué** <u>zapatos</u> te gustan más: los negros o los blancos?*
- *Los negros.*

- *Me gustan esos zapatos.*
- *¿**Cuáles**? ¿Los negros?*

OTROS INTERROGATIVOS

Para preguntar por...		
personas	**quién/es**	• *¿Con **quién** fuiste al cine?*
cantidad	**cuánto/a/os/as**	• *¿**Cuántos** hermanos tienes?*
un lugar	**dónde**	• *¿**Dónde** está Michoacán?*
un momento en el tiempo	**cuándo**	• *¿**Cuándo** viene Enrique?*
el modo	**cómo**	• *¿**Cómo** se prepara este plato?*
el motivo	**por qué**	• *¿**Por qué** estudias ruso?*
la finalidad	**para qué**	• *¿**Para qué** sirve ese aparato?*

Recuerda

- Todos los interrogativos llevan tilde.
- Cuando el verbo va acompañado de preposición, esta se coloca antes del interrogativo.

- *¿**De** dónde eres?*
- ○ ***De** Sevilla.*

- Las preguntas de respuesta cerrada (respuesta **sí** o **no**) pueden formarse igual que las frases enunciativas; simplemente hay que cambiar la entonación.

- *Jorge está casado.*
- *¿Jorge está casado?*

NEGACIÓN

► La partícula negativa se coloca siempre delante del verbo.

- ***No** soy español.*
- ***No** hablo bien español.*
- *Soy ~~no~~ español.*
- *Hablo ~~no~~ bien español.*

- *¿Eres español?*
- ○ ***No**, soy colombiano.*
- *¿Eres venezolano?*
- ○ ***No, no** soy venezolano.*

► **Nada**, **nadie**, **ningun(o)/a/os/as** y **nunca** pueden ir delante o detrás del verbo. Si van detrás, hay que utilizar también **no** delante del verbo.

- ***Nada** ha cambiado. / **No** ha cambiado **nada**.*
- ***Nadie** me ha llamado. / **No** me ha llamado **nadie**.*

PREPOSICIONES

POSICIÓN Y MOVIMIENTO

a dirección, distancia	• *Vamos **a** Madrid.* • *Ávila está **a** 55 kilómetros de aquí.*
en ubicación, medio de transporte	• *Vigo está **en** Galicia.* • *Vamos **en** coche.*
de procedencia lejos/cerca/delante de	• *Venimos **de** la universidad.* • *Caracas está lejos **de** Lima.*
desde punto de partida	• *Vengo a pie **desde** el centro.*
hasta punto de llegada	• *Podemos ir en metro **hasta** el centro.*
por movimiento dentro o a través de un espacio	• *Me gusta pasear **por** la playa.* • *El ladrón entró **por** la ventana.*

TIEMPO

a + hora	• *Me levanto **a** las ocho.*
por + parte del día	• *No trabajo **por** la mañana.*
de + día/noche	• *Prefiero estudiar **de** noche.*
en + mes/estación/año	• *Mi cumpleaños es **en** abril.*
antes/después de	• *Hago deporte **antes de** cenar.*
de + inicio **a** + fin	• *Trabajamos **de** 9 **a** 6.* • *Nos quedamos aquí **del** 2 **al*** 7.*
desde las + hora **hasta las** + hora	• *Te esperé **desde las** 3 **hasta las** 5.*

* Recuerda que **a** + **el** = **al**; **de** + **el** = **del**.

OTROS USOS

A
modo: **a la plancha**, **al horno**
COD de persona: **Hemos visto a Pablo en el centro.**

DE
materia: **de lana**
partitivo, con sustantivos no contables: **un poco de pan**

POR/PARA
por + causa: **Viaja mucho por su trabajo.**
para + finalidad: **Necesito dinero para pagar el teléfono.**
para + destinatario: **Estos libros son para tu hermana.**

CON
compañía: **¿Fuiste al cine con Patricia?**
acompañamiento: **pollo con patatas**
instrumento: **He cortado el papel con unas tijeras.**

CONECTORES

Y, NI, TAMBIÉN, TAMPOCO

► Cuando mencionamos dos o más elementos del mismo tipo, se utiliza **y**. Para agregar más elementos en otra frase, usamos **también**.

  • *En mi barrio hay un teatro **y** dos cines. **También** hay dos salas de baile.*

¡Atención!
Cuando la palabra que sigue a **y** comienza con **i**, **hi** o **y** (con sonido de **i**), en vez de **y** usamos **e**.

Ignacio **y** Javier   pero   Javier **e** Ignacio

► Dos elementos negativos se pueden unir con la partícula **ni**.

  • ***Ni** Jorge **ni** Iván hablan francés.*
  (= Jorge no habla francés + Iván no habla francés)

► Para agregar un nuevo elemento en frases negativas, usamos **tampoco**.

  • *En mi barrio no hay cines; **tampoco** hay teatros.*

TAMBIÉN, TAMPOCO, SÍ, NO

► Para expresar coincidencia (de opinión o de informaciones), utilizamos **también** (en frases positivas) y **tampoco** (en frases negativas). Para expresar que no hay coincidencia, usamos **sí/no**.

  • *Paola siempre hace los deberes.*
  ○ *Yo **también**.*
  ■ *Yo **no**.*

  • *A mí no me gusta el pescado.*
  ○ *A mí **tampoco**.*
  ■ *A mí **sí**.*

LA CONJUNCIÓN O

► Se utiliza para presentar alternativas.

  • *Podemos ir al cine **o** a cenar...*
  • *¿Prefieres vino **o** cerveza?*

¡Atención!
Cuando la palabra que sigue a **o** comienza con **o** u **ho**, en vez de **o** usamos **u**.

el uno **o** el otro   pero   uno **u** otro

SINO, PERO

► **Sino** se utiliza para presentar un elemento que afirmamos en contraposición a otro que negamos. **Pero** se utiliza para presentar una información nueva que, de alguna manera, contradice la anterior.

  • *No soy española **sino** venezolana.*
  (= No soy española + soy venezolana)

- *No soy española **pero** hablo español.*
  (= No soy española + hablo español)

PORQUE, POR QUÉ

Porque se usa para expresar la causa. Responde a la pregunta **¿por qué?**

- *¿**Por qué** estudias español?*
- ○ ***Porque** trabajo en una empresa mexicana.*

VERBOS

CONJUGACIONES

▶ En español existen tres conjugaciones, que se distinguen por las terminaciones: **-ar** (primera conjugación), **-er** (segunda) e **-ir** (tercera). Las formas de los verbos de la segunda y de la tercera conjugación son muy similares. La mayoría de las irregularidades se dan en estos dos grupos.

▶ En el verbo se pueden distinguir dos elementos: la raíz y la terminación. La raíz se obtiene al quitar al Infinitivo la terminación **-ar**, **-er**, **-ir**. La terminación nos proporciona la información referente al modo, al tiempo, a la persona y al número.

▶ Las irregularidades afectan solo a la raíz del verbo. Solo se encuentran terminaciones irregulares en el Indefinido.

VERBOS REFLEXIVOS

▶ Son verbos que se conjugan con los pronombres reflexivos **me, te, se, nos, os, se**: **llamarse, levantarse, bañarse**...

- *(Yo) **me** llamo Abel. (llamar**se**)*

▶ Hay verbos que, como **dedicar** e **ir**, cambian de significado con el pronombre reflexivo.

- *¿**Me dedicas** tu libro?*
- *¿A qué **te dedicas**?*
- ***Vamos** al cine.*
- ***Nos vamos** de aquí.*
- ***Duermes** demasiado.*
- ***Me dormí** en clase.*

▶ Otros verbos pueden convertirse en reflexivos cuando la acción recae en el propio sujeto.

- *Marcela lava la ropa.*

- *Marcela **se** lava.*
- *Marcela **se** lava las manos.*

VERBOS QUE FUNCIONAN COMO **GUSTAR**

▶ Existe un grupo de verbos (**gustar, encantar, apetecer, interesar**, etc.) que se conjugan casi siempre en tercera persona (del singular si van seguidos de un nombre en singular o de un Infinitivo; y del plural si van seguidos de un sustantivo en plural). Estos verbos van acompañados siempre de los pronombres de COI **me, te, le, nos, os, les** y expresan sentimientos y opiniones respecto a cosas, personas o actividades.

(A mí)	**me**		
(A ti)	**te**		el cine (NOMBRES EN SINGULAR)
(A él/ella/usted)	**le**	**gusta**	ir al cine (VERBOS)
(A nosotros/nosotras)	**nos**	**gustan**	las películas de guerra
(A vosotros/vosotras)	**os**		(NOMBRES EN PLURAL)
(A ellos/ellas/ustedes)	**les**		

▶ En estos verbos, el uso de **a** + pronombre tónico (**a mí, a ti, a él/ella/usted, a nosotros/as, a vosotros/as, a ellos/ellas/ustedes**) no es obligatorio.

- *Pablo es muy aventurero, **le** encanta viajar solo y **le** interesan mucho las culturas indígenas.*

- *¿Qué aficiones tienen?*
- ○ ***A mí me** gusta mucho leer y hacer deporte.*
  ~~Yo me gusta mucho leer...~~
- ■ ***A mí me** encanta el teatro. ¿Y **a ti**?*

PRESENTE DE INDICATIVO

	cantar	**leer**	**vivir**
(yo)	cant**o**	le**o**	viv**o**
(tú)	cant**as**	le**es**	viv**es**
(él/ella/usted)	cant**a**	le**e**	viv**e**
(nosotros/nosotras)	cant**amos**	le**emos**	viv**imos**
(vosotros/vosotras)	cant**áis**	le**éis**	viv**ís**
(ellos/ellas/ustedes)	cant**an**	le**en**	viv**en**

- La terminación de la primera persona del singular es igual en las tres conjugaciones.

- Las terminaciones de la tercera conjugación son iguales que las de la segunda excepto en la primera y en la segunda personas del plural.

► Usamos el Presente de Indicativo para:

- hacer afirmaciones atemporales: **Un día tiene 24 horas.**
- hablar de hechos que se producen con una cierta frecuencia o regularidad: **Voy mucho al gimnasio.**
- hablar del presente cronológico: **¡Estoy aquí!**
- pedir cosas y acciones en preguntas: **¿Me pasas la sal?**
- hablar de intenciones: **Mañana voy a París.**
- relatar en presente histórico: **En 1896 se celebran las primeras Olimpiadas de la era moderna.**
- formular hipótesis: **Si esta tarde tengo tiempo, te llamo.**
- dar instrucciones: **Bajas las escaleras, giras a la derecha y ahí está la biblioteca.**

IRREGULARIDADES EN PRESENTE

Diptongación: e > ie, o > ue

► Muchos verbos de las tres conjugaciones tienen esta irregularidad en Presente. Este fenómeno no afecta ni a la primera ni a la segunda personas del plural.

	cerrar	poder
(yo)	cierro	puedo
(tú)	cierras	puedes
(él/ella/usted)	cierra	puede
(nosotros/nosotras)	cerramos	podemos
(vosotros/vosotras)	cerráis	podéis
(ellos/ellas/ustedes)	cierran	pueden

Cierre vocálico: e > i

► El cambio de **e** por **i** se produce en muchos verbos de la tercera conjugación en los que la última vocal de la raíz es **e**, como **pedir**.

	pedir
(yo)	pido
(tú)	pides
(él/ella/usted)	pide
(nosotros/nosotras)	pedimos
(vosotros/vosotras)	pedís
(ellos/ellas/ustedes)	piden

G en la primera persona del singular

► Existe un grupo de verbos que intercalan una **g** en la primera persona del singular.

salir ➡ sal**g**o   poner ➡ pon**g**o   valer ➡ val**g**o

► Esta irregularidad puede aparecer sola, como en **salir** o en **poner**, o en combinación con diptongo en las otras personas, como en **tener** o en **venir**.

	tener	venir
(yo)	ten**g**o	ven**g**o
(tú)	t**ie**nes	v**ie**nes
(él/ella/usted)	t**ie**ne	v**ie**ne
(nosotros/nosotras)	tenemos	venimos
(vosotros/vosotras)	tenéis	venís
(ellos/ellas/ustedes)	t**ie**nen	v**ie**nen

ZC en la primera persona del singular

► Los verbos terminados en **-acer**, **-ecer**, **-ocer** y **-ucir** también son irregulares en la primera persona del singular.

con**ocer** ➡ cono**zc**o   prod**ucir** ➡ produ**zc**o

Cambios ortográficos

► Atención a las terminaciones en **-ger** y **-gir**. Debemos tener en cuenta las reglas ortográficas al conjugarlos.

esco**ger** ➡ esco**j**o   ele**gir** ➡ eli**j**o

PRETÉRITO PERFECTO

	Presente de haber	+ Participio
(yo)	**he**	
(tú)	**has**	
(él/ella/usted)	**ha**	cant**ado**
(nosotros/nosotras)	**hemos**	le**ído**
(vosotros/vosotras)	**habéis**	viv**ido**
(ellos/ellas/ustedes)	**han**	

► El Pretérito Perfecto se forma con el Presente del auxiliar **haber** y el Participio pasado (**cantado, leído, vivido**).

► El Participio pasado es invariable. El auxiliar y el Participio son una unidad, no se puede colocar nada entre ellos. Los pronombres se colocan siempre delante del auxiliar.

- ● **Ya** he ido al banco.
- ● ~~He ya ido al banco.~~

- ● **Los** hemos visto esta mañana.
- ● ~~Hemos los visto esta mañana.~~

► Usamos el Pretérito Perfecto para referirnos a acciones o acontecimientos ocurridos en un momento pasado no definido. No se dice cuándo ha ocurrido la acción porque no interesa o no se sabe. Se acompaña de marcadores como **ya/todavía no**; **siempre/nunca/alguna vez/una vez/dos veces/muchas veces**.

- *¿**Ya has hablado** con tu madre?*
- ***Todavía no me han llamado** del banco.*
- ***Nunca he estado** en Gijón.*
- *¿**Has visto alguna vez** un oso panda?*
- ***Siempre me ha gustado** la gente sincera.*

► También usamos el Pretérito Perfecto para referirnos a acciones realizadas en un pasado que aún no ha acabado.

- ***Esta semana he ido** a cenar con Antonio.*
- ***Este año hemos estado** en Cuba.*

► Y para referirnos a acciones muy recientes o muy vinculadas al momento actual.

- ***Hace un rato he hablado** con tu hermana.*

PRETÉRITO INDEFINIDO

	cantar	comer	vivir
(yo)	cant**é**	com**í**	viv**í**
(tú)	cant**aste**	com**iste**	viv**iste**
(él/ella/usted)	cant**ó**	com**ió**	viv**ió**
(nosotros/nosotras)	cant**amos**	com**imos**	viv**imos**
(vosotros/vosotras)	cant**asteis**	com**isteis**	viv**isteis**
(ellos/ellas/ustedes)	cant**aron**	com**ieron**	viv**ieron**

► El Pretérito Indefinido se usa para relatar acciones ocurridas en un pasado concreto, no relacionado con el presente, que se presentan como concluidas. Normalmente se acompaña de marcadores como:

- fechas (**en 1990, en 2003, el 8 de septiembre, en enero...**)
- **ayer, anoche, anteayer**
- **el lunes, el martes...**
- **el mes pasado, la semana pasada,** etc.

- *El lunes **hablé** con mi profesor de español.*
- *Anteayer **comí** frijoles.*

IRREGULARIDADES EN EL PRETÉRITO INDEFINIDO
Cierre vocálico: e > i, o > u

► El cambio de **e** por **i** se produce en muchos verbos de la tercera conjugación en los que la última vocal de la raíz es **e**, como **pedir**. La **e** se convierte en **i** en las terceras personas del singular y del plural. Sucede lo mismo con los verbos de la tercera conjugación en los que la última vocal de la raíz es **o**, como **dormir**. En estos casos, la **o** se convierte en **u** en las terceras personas del singular y del plural.

	pedir	dormir
(yo)	pedí	dormí
(tú)	pediste	dormiste
(él/ella/usted)	p**i**dió	d**u**rmió
(nosotros/nosotras)	pedimos	dormimos
(vosotros/vosotras)	pedisteis	dormisteis
(ellos/ellas/ustedes)	p**i**dieron	d**u**rmieron

Ruptura del triptongo

► Cuando la raíz de un verbo de la segunda o de la tercera conjugación termina en vocal, en las terceras personas la **i** se convierte en **y**.

caer ➡ ca**y**ó/ca**y**eron
huir ➡ hu**y**ó/hu**y**eron

Cambios ortográficos

► Atención a los verbos que terminan en **-car, -gar** y **-zar.** Hay que tener en cuenta las reglas ortográficas al conjugarlos.

acer**car** ➡ acer**qué**
lle**gar** ➡ lle**gué**
almor**zar** ➡ almor**cé**

Verbos con terminaciones irregulares

► Todos los siguientes verbos presentan irregularidades propias en la raíz y tienen unas terminaciones especiales independientemente de la conjugación a la que pertenecen.

andar	➡ **anduv-**	
conducir*	➡ **conduj-**	
decir*	➡ **dij-**	
traer*	➡ **traj-**	**-e**
estar	➡ **estuv-**	**-iste**
hacer	➡ **hic-/hiz-**	**-o**
poder	➡ **pud-**	**-imos**
poner	➡ **pus-**	**-isteis**
querer	➡ **quis-**	**-ieron**
saber	➡ **sup-**	
tener	➡ **tuv-**	
venir	➡ **vin-**	

* En la tercera persona del plural, la **i** desaparece (**condujeron, dijeron, trajeron**). Se conjugan así todos los verbos terminados en **-ucir.**

¡Atención!

En la primera y en la tercera personas del singular de los verbos regulares, la última sílaba es tónica; en los irregulares, en cambio, la sílaba tónica es la penúltima.

MÁS GRAMÁTICA

Verbos ir y ser

► Los verbos **ir** y **ser** tienen la misma forma en Indefinido.

	ir/ser
(yo)	**fui**
(tú)	**fuiste**
(él/ella/usted)	**fue**
(nosotros/nosotras)	**fuimos**
(vosotros/vosotras)	**fuisteis**
(ellos/ellas/ustedes)	**fueron**

PARTICIPIO

► El Participio pasado se forma agregando las terminaciones **-ado** en los verbos de la primera conjugación e **-ido** en los verbos de la segunda y de la tercera conjugación.

cantar	➡	cant**ado**	beber	➡	beb**ido**
			vivir	➡	viv**ido**

► Hay algunos participios irregulares.

abrir*	➡	**abierto**	decir	➡	**dicho**
escribir	➡	**escrito**	hacer	➡	**hecho**
morir	➡	**muerto**	poner	➡	**puesto**
ver	➡	**visto**	volver	➡	**vuelto**
romper	➡	**roto**			

* Todos los verbos terminados en **-brir** tienen un Participio irregular acabado en **-bierto**.

► El Participio tiene dos funciones. Como verbo, acompaña al auxiliar **haber** en los tiempos verbales compuestos y es invariable. Como adjetivo, concuerda con el sustantivo en género y en número y se refiere a situaciones o estados derivados de la acción del verbo. Por eso, en esos casos, se utiliza muchas veces con el verbo **estar**.

Eva se **ha cansado**. ➡ Eva está **cansada**.
Han cerrado las puertas. ➡ Las puertas están **cerradas**.
Han roto la ventana. ➡ La ventana está **rota**.
Bea **ha abierto** los sobres. ➡ Los sobres están **abiertos**.

SE IMPERSONAL

► En español, podemos expresar la impersonalidad de varias maneras. Una de ellas es con la construcción **se** + verbo en tercera persona.

- *La tortilla española **se hace** con patatas, huevos y cebollas.*
- *Las patatas **se fríen** en aceite muy caliente.*

SER/ESTAR/HAY

► Para ubicar algo en el espacio, usamos el verbo **estar**.

- *El ayuntamiento **está** frente a la estación.*
- *El libro **está** en la sala.*

► Pero si informamos acerca de la existencia, usamos **hay** (del verbo **haber**). Es una forma única para el presente, y solo existe en tercera persona. Se utiliza para hablar tanto de objetos en singular como en plural.

- ***Hay** un cine en la calle Reforma.*
- ***Hay** muchas escuelas en esta ciudad.*
- ***Hay** un concierto esta noche.*

> **¡Atención!**
>
> - En mi pueblo **hay**   **un** cine / **dos** bibliotecas…   **mucha** gente / **algunos** bares… calle**s** muy bonita**s**…
> - El cine Astoria **está** en la plaza.
> - Las bibliotecas **están** en el centro histórico.

► Para informar sobre la ubicación de un evento ya mencionado, usamos **ser**.

- *El concierto **es** en el Teatro Albéniz.*
- *La reunión **es** en mi casa.*

► Con adjetivos, usamos **ser** para hablar de las características esenciales del sustantivo y **estar** para expresar una condición o un estado especial en un momento determinado.

- *David **es** estudiante.*
- *La casa **es** pequeña.*
- *David **está** cansado.*
- *La casa **está** sucia.*

► También usamos **ser** cuando identificamos algo o a alguien o cuando hablamos de las características inherentes de algo.

- *Pablo **es** mi hermano.*
- *Pablo **está** mi hermano.*
- *El gazpacho **es** una sopa fría.*
- *El gazpacho **está** una sopa fría.*

► Con los adverbios **bien/mal**, usamos únicamente **estar**.

- *Este libro **está** muy bien; es muy interesante.*

VERBOS

Presente	Pretérito Indefinido	Pretérito Perfecto

1. ESTUDIAR Participio: estudiado

Presente	Pretérito Indefinido	Pretérito Perfecto
estudio	estudié	he estudiado
estudias	estudiaste	has estudiado
estudia	estudió	ha estudiado
estudiamos	estudiamos	hemos estudiado
estudiáis	estudiasteis	habéis estudiado
estudian	estudiaron	han estudiado

2. COMER Participio: comido

Presente	Pretérito Indefinido	Pretérito Perfecto
como	comí	he comido
comes	comiste	has comido
come	comió	ha comido
comemos	comimos	hemos comido
coméis	comisteis	habéis comido
comen	comieron	han comido

3. VIVIR Participio: vivido

Presente	Pretérito Indefinido	Pretérito Perfecto
vivo	viví	he vivido
vives	viviste	has vivido
vive	vivió	ha vivido
vivimos	vivimos	hemos vivido
vivís	vivisteis	habéis vivido
viven	vivieron	han vivido

* PARTICIPIOS IRREGULARES

abrir	abierto	escribir	escrito	poner	puesto
cubrir	cubierto	freír	frito/freído	romper	roto
decir	dicho	hacer	hecho	ver	visto
		ir	ido	volver	vuelto
		morir	muerto	resolver	resuelto

Presente	Pretérito Indefinido	Pretérito Perfecto	Presente	Pretérito Indefinido	Pretérito Perfecto	Presente	Pretérito Indefinido	Pretérito Perfecto

4. ACTUAR Participio: actuado

5. ADQUIRIR Participio: adquirido

6. ALMORZAR Participio: almorzado

Presente	Pretérito Indefinido	Pretérito Perfecto	Presente	Pretérito Indefinido	Pretérito Perfecto	Presente	Pretérito Indefinido	Pretérito Perfecto
actúo	actué	he actuado	adquiero	adquirí	he adquirido	almuerzo	almorcé	he almorzado
actúas	actuaste	has actuado	adquieres	adquiriste	has adquirido	almuerzas	almorzaste	has almorzado
actúa	actuó	ha actuado	adquiere	adquirió	ha adquirido	almuerza	almorzó	ha almorzado
actuamos	actuamos	hemos actuado	adquirimos	adquirimos	hemos adquirido	almorzamos	almorzamos	hemos almorzado
actuáis	actuasteis	habéis actuado	adquirís	adquiristeis	habéis adquirido	almorzáis	almorzasteis	habéis almorzado
actúan	actuaron	han actuado	adquieren	adquirieron	han adquirido	almuerzan	almorzaron	han almorzado

7. AVERIGUAR Participio: averiguado

8. BUSCAR Participio: buscado

9. CAER Participio: caído

Presente	Pretérito Indefinido	Pretérito Perfecto	Presente	Pretérito Indefinido	Pretérito Perfecto	Presente	Pretérito Indefinido	Pretérito Perfecto
averiguo	averigüé	he averiguado	busco	busqué	he buscado	caigo	caí	he caído
averiguas	averiguaste	has averiguado	buscas	buscaste	has buscado	caes	caíste	has caído
averigua	averiguó	ha averiguado	busca	buscó	ha buscado	cae	cayó	ha caído
averiguamos	averiguamos	hemos averiguado	buscamos	buscamos	hemos buscado	caemos	caímos	hemos caído
averiguáis	averiguasteis	habéis averiguado	buscáis	buscasteis	habéis buscado	caéis	caísteis	habéis caído
averiguan	averiguaron	han averiguado	buscan	buscaron	han buscado	caen	cayeron	han caído

10. COGER Participio: cogido

11. COLGAR Participio: colgado

12. COMENZAR Participio: comenzado

Presente	Pretérito Indefinido	Pretérito Perfecto	Presente	Pretérito Indefinido	Pretérito Perfecto	Presente	Pretérito Indefinido	Pretérito Perfecto
cojo	cogí	he cogido	cuelgo	colgué	he colgado	comienzo	comencé	he comenzado
coges	cogiste	has cogido	cuelgas	colgaste	has colgado	comienzas	comenzaste	has comenzado
coge	cogió	ha cogido	cuelga	colgó	ha colgado	comienza	comenzó	ha comenzado
cogemos	cogimos	hemos cogido	colgamos	colgamos	hemos colgado	comenzamos	comenzamos	hemos comenzado
cogéis	cogisteis	habéis cogido	colgáis	colgasteis	habéis colgado	comenzáis	comenzasteis	habéis comenzado
cogen	cogieron	han cogido	cuelgan	colgaron	han colgado	comienzan	comenzaron	han comenzado

13. CONDUCIR Participio: conducido

14. CONOCER Participio: conocido

15. CONTAR Participio: contado

Presente	Pretérito Indefinido	Pretérito Perfecto	Presente	Pretérito Indefinido	Pretérito Perfecto	Presente	Pretérito Indefinido	Pretérito Perfecto
conduzco	conduje	he conducido	conozco	conocí	he conocido	cuento	conté	he contado
conduces	condujiste	has conducido	conoces	conociste	has conocido	cuentas	contaste	has contado
conduce	condujo	ha conducido	conoce	conoció	ha conocido	cuenta	contó	ha contado
conducimos	condujimos	hemos conducido	conocemos	conocimos	hemos conocido	contamos	contamos	hemos contado
conducís	condujisteis	habéis conducido	conocéis	conocisteis	habéis conocido	contáis	contasteis	habéis contado
conducen	condujeron	han conducido	conocen	conocieron	han conocido	cuentan	contaron	han contado

16. DAR Participio: dado

17. DECIR Participio: dicho

18. DIRIGIR Participio: dirigido

Presente	Pretérito Indefinido	Pretérito Perfecto	Presente	Pretérito Indefinido	Pretérito Perfecto	Presente	Pretérito Indefinido	Pretérito Perfecto
doy	di	he dado	digo	dije	he dicho	dirijo	dirigí	he dirigido
das	diste	has dado	dices	dijiste	has dicho	diriges	dirigiste	has dirigido
da	dio	ha dado	dice	dijo	ha dicho	dirige	dirigió	ha dirigido
damos	dimos	hemos dado	decimos	dijimos	hemos dicho	dirigimos	dirigimos	hemos dirigido
dais	disteis	habéis dado	decís	dijisteis	habéis dicho	dirigís	dirigisteis	habéis dirigido
dan	dieron	han dado	dicen	dijeron	han dicho	dirigen	dirigieron	han dirigido

19. DISTINGUIR Participio: distinguido

20. DORMIR Participio: dormido

21. ENVIAR Participio: enviado

Presente	Pretérito Indefinido	Pretérito Perfecto	Presente	Pretérito Indefinido	Pretérito Perfecto	Presente	Pretérito Indefinido	Pretérito Perfecto
distingo	distinguí	he distinguido	duermo	dormí	he dormido	envío	envié	he enviado
distingues	distinguiste	has distinguido	duermes	dormiste	has dormido	envías	enviaste	has enviado
distingue	distinguió	ha distinguido	duerme	durmió	ha dormido	envía	envió	ha enviado
distinguimos	distinguimos	hemos distinguido	dormimos	dormimos	hemos dormido	enviamos	enviamos	hemos enviado
distinguís	distinguisteis	habéis distinguido	dormís	dormisteis	habéis dormido	enviáis	enviasteis	habéis enviado
distinguen	distinguieron	han distinguido	duermen	durmieron	han dormido	envían	enviaron	han enviado

22. ESTAR Participio: estado

23. FREGAR Participio: fregado

24. HABER Participio: habido

Presente	Pretérito Indefinido	Pretérito Perfecto	Presente	Pretérito Indefinido	Pretérito Perfecto	Presente	Pretérito Indefinido	Pretérito Perfecto
estoy	estuve	he estado	friego	fregué	he fregado	he	hubo	he habido
estás	estuviste	has estado	friegas	fregaste	has fregado	has	hubiste	has habido
está	estuvo	ha estado	friega	fregó	ha fregado	ha/hay (impersonal)	hubo	ha habido
estamos	estuvimos	hemos estado	fregamos	fregamos	hemos fregado	hemos	hubimos	hemos habido
estáis	estuvisteis	habéis estado	fregáis	fregasteis	habéis fregado	habéis	hubisteis	habéis habido
están	estuvieron	han estado	friegan	fregaron	han fregado	han	hubieron	han habido

25. HACER Participio: hecho

26. INCLUIR Participio: incluido

27. IR Participio: ido

Presente	Pretérito Indefinido	Pretérito Perfecto	Presente	Pretérito Indefinido	Pretérito Perfecto	Presente	Pretérito Indefinido	Pretérito Perfecto
hago	hice	he hecho	incluyo	incluí	he incluido	voy	fui	he ido
haces	hiciste	has hecho	incluyes	incluiste	has incluido	vas	fuiste	has ido
hace	hizo	ha hecho	incluye	incluyó	ha incluido	va	fue	ha ido
hacemos	hicimos	hemos hecho	incluimos	incluimos	hemos incluido	vamos	fuimos	hemos ido
hacéis	hicisteis	habéis hecho	incluís	incluisteis	habéis incluido	vais	fuisteis	habéis ido
hacen	hicieron	han hecho	incluyen	incluyeron	han incluido	van	fueron	han ido

Presente	Pretérito Indefinido	Pretérito Perfecto	Presente	Pretérito Indefinido	Pretérito Perfecto	Presente	Pretérito Indefinido	Pretérito Perfecto

28. JUGAR Participio: jugado

Presente	Pretérito Indefinido	Pretérito Perfecto
juego	jugué	he jugado
juegas	jugaste	has jugado
juega	jugó	ha jugado
jugamos	jugamos	hemos jugado
jugáis	jugasteis	habéis jugado
juegan	jugaron	han jugado

29. LEER Participio: leído

Presente	Pretérito Indefinido	Pretérito Perfecto
leo	leí	he leído
lees	leíste	has leído
lee	leyó	ha leído
leemos	leímos	hemos leído
leéis	leísteis	habéis leído
leen	leyeron	han leído

30. LLEGAR Participio: llegado

Presente	Pretérito Indefinido	Pretérito Perfecto
llego	llegué	he llegado
llegas	llegaste	has llegado
llega	llegó	ha llegado
llegamos	llegamos	hemos llegado
llegáis	llegasteis	habéis llegado
llegan	llegaron	han llegado

31. MOVER Participio: movido

Presente	Pretérito Indefinido	Pretérito Perfecto
muevo	moví	he movido
mueves	moviste	has movido
mueve	movió	ha movido
movemos	movimos	hemos movido
movéis	movisteis	habéis movido
mueven	movieron	han movido

32. OÍR Participio: oído

Presente	Pretérito Indefinido	Pretérito Perfecto
oigo	oí	he oído
oyes	oíste	has oído
oye	oyó	ha oído
oímos	oímos	hemos oído
oís	oísteis	habéis oído
oyen	oyeron	han oído

33. PENSAR Participio: pensado

Presente	Pretérito Indefinido	Pretérito Perfecto
pienso	pensé	he pensado
piensas	pensaste	has pensado
piensa	pensó	ha pensado
pensamos	pensamos	hemos pensado
pensáis	pensasteis	habéis pensado
piensan	pensaron	han pensado

34. PERDER Participio: perdido

Presente	Pretérito Indefinido	Pretérito Perfecto
pierdo	perdí	he perdido
pierdes	perdiste	has perdido
pierde	perdió	ha perdido
perdemos	perdimos	hemos perdido
perdéis	perdisteis	habéis perdido
pierden	perdieron	han perdido

35. PODER Participio: podido

Presente	Pretérito Indefinido	Pretérito Perfecto
puedo	pude	he podido
puedes	pudiste	has podido
puede	pudo	ha podido
podemos	pudimos	hemos podido
podéis	pudisteis	habéis podido
pueden	pudieron	han podido

36. PONER Participio: puesto

Presente	Pretérito Indefinido	Pretérito Perfecto
pongo	puse	he puesto
pones	pusiste	has puesto
pone	puso	ha puesto
ponemos	pusimos	hemos puesto
ponéis	pusisteis	habéis puesto
ponen	pusieron	han puesto

37. QUERER Participio: querido

Presente	Pretérito Indefinido	Pretérito Perfecto
quiero	quise	he querido
quieres	quisiste	has querido
quiere	quiso	ha querido
queremos	quisimos	hemos querido
queréis	quisisteis	habéis querido
quieren	quisieron	han querido

38. REÍR Participio: reído

Presente	Pretérito Indefinido	Pretérito Perfecto
río	reí	he reído
ríes	reíste	has reído
ríe	rió	ha reído
reímos	reímos	hemos reído
reís	reísteis	habéis reído
ríen	rieron	han reído

39. REUNIR Participio: reunido

Presente	Pretérito Indefinido	Pretérito Perfecto
reúno	reuní	he reunido
reúnes	reuniste	has reunido
reúne	reunió	ha reunido
reunimos	reunimos	hemos reunido
reunís	reunisteis	habéis reunido
reúnen	reunieron	han reunido

40. SABER Participio: sabido

Presente	Pretérito Indefinido	Pretérito Perfecto
sé	supe	he sabido
sabes	supiste	has sabido
sabe	supo	ha sabido
sabemos	supimos	hemos sabido
sabéis	supisteis	habéis sabido
saben	supieron	han sabido

41. SALIR Participio: salido

Presente	Pretérito Indefinido	Pretérito Perfecto
salgo	salí	he salido
sales	saliste	has salido
sale	salió	ha salido
salimos	salimos	hemos salido
salís	salisteis	habéis salido
salen	salieron	han salido

42. SENTIR Participio: sentido

Presente	Pretérito Indefinido	Pretérito Perfecto
siento	sentí	he sentido
sientes	sentiste	has sentido
siente	sintió	ha sentido
sentimos	sentimos	hcmos sentido
sentís	sentisteis	habéis sentido
sienten	sintieron	han sentido

43. SER Participio: sido

Presente	Pretérito Indefinido	Pretérito Perfecto
soy	fui	he sido
eres	fuiste	has sido
es	fue	ha sido
somos	fuimos	hemos sido
sois	fuisteis	habéis sido
son	fueron	han sido

44. SERVIR Participio: servido

Presente	Pretérito Indefinido	Pretérito Perfecto
sirvo	serví	he servido
sirves	serviste	has servido
sirve	sirvió	ha servido
servimos	servimos	hemos servido
servís	servisteis	habéis servido
sirven	sirvieron	han servido

45. TENER Participio: tenido

Presente	Pretérito Indefinido	Pretérito Perfecto
tengo	tuve	he tenido
tienes	tuviste	has tenido
tiene	tuvo	ha tenido
tenemos	tuvimos	hemos tenido
tenéis	tuvisteis	habéis tenido
tienen	tuvieron	han tenido

46. TRAER Participio: traído

Presente	Pretérito Indefinido	Pretérito Perfecto
traigo	traje	he traído
traes	trajiste	has traído
trae	trajo	ha traído
traemos	trajimos	hemos traído
traéis	trajisteis	habéis traído
traen	trajeron	han traído

47. UTILIZAR Participio: utilizado

Presente	Pretérito Indefinido	Pretérito Perfecto
utilizo	utilicé	he utilizado
utilizas	utilizaste	has utilizado
utiliza	utilizó	ha utilizado
utilizamos	utilizamos	hemos utilizado
utilizáis	utilizasteis	habéis utilizado
utilizan	utilizaron	han utilizado

48. VALER Participio: valido

Presente	Pretérito Indefinido	Pretérito Perfecto
valgo	valí	he valido
vales	valiste	has valido
vale	valió	ha valido
valemos	valimos	hemos valido
valéis	valisteis	habéis valido
valen	valieron	han valido

49. VENCER Participio: vencido

Presente	Pretérito Indefinido	Pretérito Perfecto
venzo	vencí	he vencido
vences	venciste	has vencido
vence	venció	ha vencido
vencemos	vencimos	hemos vencido
vencéis	vencisteis	habéis vencido
vencen	vencieron	han vencido

50. VENIR Participio: venido

Presente	Pretérito Indefinido	Pretérito Perfecto
vengo	vine	he venido
vienes	viniste	has venido
viene	vino	ha venido
venimos	vinimos	hemos venido
venís	vinisteis	habéis venido
vienen	vinieron	han venido

51. VER Participio: visto

Presente	Pretérito Indefinido	Pretérito Perfecto
veo	vi	he visto
ves	viste	has visto
ve	vio	ha visto
vemos	vimos	hemos visto
veis	visteis	habéis visto
ven	vieron	han visto

La siguiente lista recoge los verbos que aparecen en **Aula Internacional 1**. Los números indican el modelo de conjugación para cada verbo.

abandonar, 1	comparar, 1	desayunar, 1	gustar, 1	opinar, 1	responder, 2
abordar, 1	compartir, 3	describir, 3*	haber, 24	ordenar, 1	resultar, 1
abrir, 3*	completar, 1	descubrir, 3*	hablar, 1	organizar, 47	retratar, 1
acabar, 1	componer, 36*	desear, 1	hacer, 25	pagar, 30	reunir(se), 39
aceptar, 1	comprar, 1	desenvolver(se), 31*	huir, 26	parar, 1	revelar, 1
acercar(se), 8	comprender, 2	despedir(se), 44	identificar(se), 8	parecer(se), 14	rodar, 1
acertar, 33	comprobar, 15	despertar(se), 33	imaginar, 1	participar, 1	romper, 2*
acoger, 10	comunicar(se), 8	destacar, 8	inaugurar, 1	partir, 3	saber, 40
acompañar, 1	concordar, 15	desvestir(se), 44	indicar, 8	pasar, 1	salir, 41
acostar(se), 15	conducir, 13	dibujar, 1	influenciar, 1	pasear, 1	saltar, 1
adivinar, 1	confirmar, 1	diferenciar(se), 1	influir, 26	pedir, 44	saludar, 1
afectar, 1	confundir, 3	dirigir, 11	informar, 1	peinar(se), 1	secuenciar, 1
afeitar(se), 1	conjugar, 30	discutir, 3	iniciar, 1	pensar, 33	seguir, 44
afirmar, 1	conocer(se), 14	distinguir, 19	intentar, 1	perder, 34	sentir(se), 42
agregar, 30	conseguir, 44	dividir, 3	intercalar, 1	permitir, 3	significar, 8
ahorrar, 1	conservar, 1	dormir, 20	intercambiar, 1	pertenecer, 14	situar, 4
aislar, 1	considerar, 1	ducharse, 1	interesar, 1	picar, 8	soler, 31
almorzar, 6	consistir, 3	durar, 1	interpretar, 1	planchar, 1	solucionar, 1
alquilar, 1	consolidar, 1	edificar, 8	introducir(se), 13	poder, 35	sonar, 15
amar, 1	construir, 26	elegir**, 44	inventar, 1	poner(se), 36*	soñar, 15
ampliar, 21	consultar, 1	emitir(se), 3	invitar, 1	practicar, 8	sorprender, 2
anochecer, 14	contar, 15	empezar, 12	ir, 27	preferir, 42	sortear, 1
anotar, 1	contener, 45	emprender, 2	jugar, 28	preguntar, 1	subrayar, 1
añadir, 3	contestar, 1	enamorar(se), 1	lanzar, 47	preparar(se), 1	sufrir, 3
aparecer, 14	continuar, 4	encantar, 1	lavar(se), 1	presentar(se), 1	sugerir, 42
aprender, 2	contradecir, 17*	encargar(se), 30	leer, 29	prever, 51*	suspender, 2
aprobar, 15	contrastar, 1	encender, 34	levantar(se), 1	probar, 15	tachar, 1
archivar, 1	contratar, 1	encontrar(se), 15	limpiar, 1	proceder, 2	tener, 45
arreglar(se), 1	controlar, 1	engordar, 1	luchar, 1	producir, 13	terminar, 1
asegurar(se), 1	conversar, 1	enseñar, 1	llamarse, 1	programar, 1	titular(se), 1
asociar, 1	convertir(se), 42	entender, 34	llegar, 30	promocionar, 1	tocar, 8
atravesar, 33	correjir, 44	entrar, 1	llenar, 1	pronunciar, 1	tomar, 1
averiguar, 7	correr, 2	entregar, 30	llevar, 1	proyectar, 1	trabajar, 1
ayudar, 1	corresponder, 2	enviar, 21	llover, 31 (unipersonal)	publicar, 8	traducir, 13
bailar, 1	coser, 2	escoger, 10	mantener, 45	quedar(se), 1	traer, 46
bastar, 1	costar, 15	escribir, 3*	maquillar(se), 1	quejarse, 1	transcribir, 3*
beber, 2	cotizar, 47	escuchar, 1	marcar, 8	quemar(se), 1	trasladar(se), 1
besar, 1	crear, 1	esperar, 1	matar, 1	querer, 37	tratar(se), 1
borrar, 1	creer, 29	esquiar, 21	mejorar, 1	quitar, 1	triunfar, 1
brillar, 1	criticar, 8	establecer, 14	memorizar, 47	reaccionar, 1	ubicar, 8
buscar, 8	cruzar, 47	estar, 22	mencionar, 1	realizar, 47	unir, 3
calentar, 33	cubrir, 3*	estrenar, 1	mentir, 42	recaer, 9	usar, 1
cambiar(se), 1	cuidar(se), 1	estudiar, 1	merecer, 14	recibir, 3	utilizar, 47
caminar, 1	charlar, 1	existir, 3	merendar, 33	reconocer, 14	ver, 51*
cansar(se), 1	chatear, 1	explicar, 8	mezclar, 1	recordar, 15	vestir(se), 44
cantar, 1	dar, 16	explorar, 1	mirar(se), 1	recorrer, 2	viajar, 1
celebrar(se), 1	debutar, 1	expresar(se), 1	morir(se), 20*	referir(se), 42	vincular, 1
cenar, 1	decidir(se), 3	extender(se), 34	nacer, 14	reflexionar, 1	visitar, 1
clasificar, 8	decir, 17*	faltar, 1	nadar, 1	reforzar, 46	vivir, 3
cocinar, 1	declarar, 1	fijar(se), 1	necesitar, 1	regalar, 1	volar, 15
coincidir, 3	decorar, 1	filmar, 1	negar, 23	reinterpretar, 1	volver, 31*
colaborar, 1	dedicar(se), 8	formular, 1	observar, 1	relacionar, 1	
coleccionar, 1	deducir, 13	fumar, 1	obtener, 45	relatar, 1	
colgar, 1	dejar, 1	fundar, 1	ocurrir, 3	rellenar, 1	
colocar, 8	demostrar, 15	fusionar, 1	odiar, 1	repartir, 3	*ver lista de participios
combinar, 1	depender, 2	ganar, 1	ofrecer, 14	resaltar, 1	irregulares
comentar, 1	desaparecer, 14	generalizar, 47	oír, 32	resolver, 31*	**delante de **o** y a la **g**
comer, 2	desarrollar, 3	gozar, 47	olvidar, 1	respirar, 1	se transforma en **j**

MÁS
INFORMACIÓN

• Aprender una lengua es también acercarse a los países que la hablan. Aquí tienes una serie de mapas e informaciones básicas sobre los países de América Latina y España.

• En las direcciones de Internet que incluimos, puedes ampliar esta información.

MAPA DE ESPAÑA

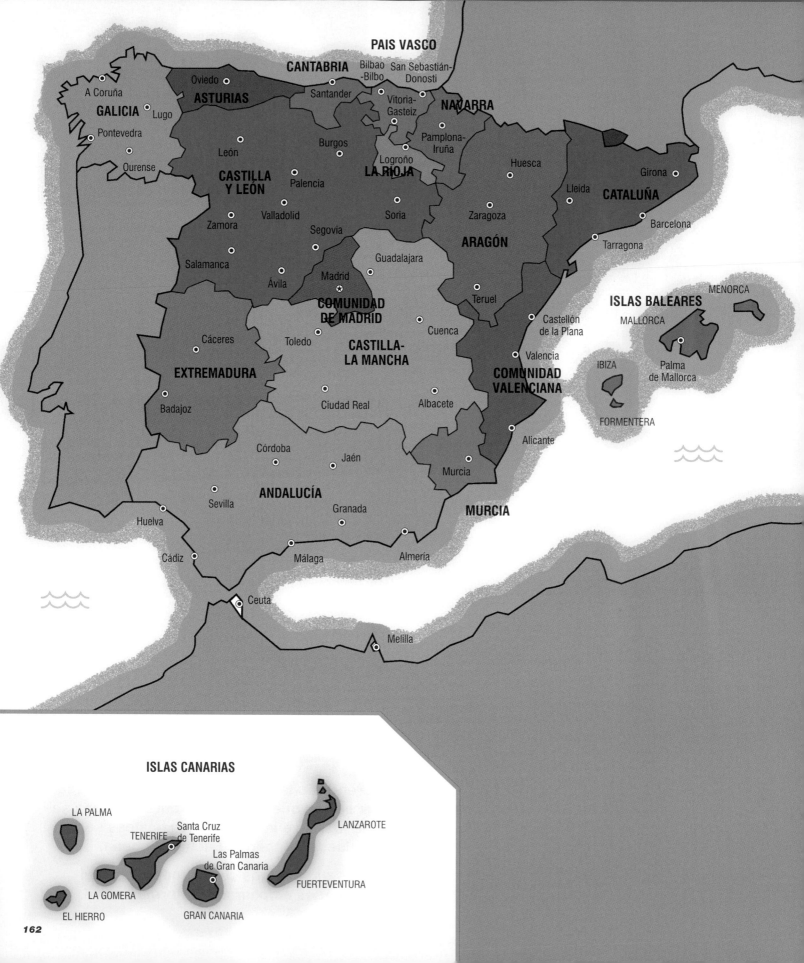

PAIS VASCO

CANTABRIA

ASTURIAS
Oviedo
Santander
Bilbao -Bilbo
San Sebastián- Donosti

GALICIA
A Coruña
Lugo
Pontevedra
Ourense

Vitoria- Gasteiz

NAVARRA
Pamplona- Iruña

CASTILLA Y LEÓN
León
Palencia
Burgos
Logroño

LA RIOJA
Soria

Huesca

Girona

Lleida

CATALUÑA

Zamora
Valladolid
Segovia

Zaragoza

ARAGÓN

Barcelona

Tarragona

Salamanca
Ávila

Guadalajara
Madrid

Teruel

COMUNIDAD DE MADRID

Castellón de la Plana

ISLAS BALEARES
MENORCA
MALLORCA

Cáceres

Toledo

Cuenca

CASTILLA- LA MANCHA

Valencia

IBIZA

Palma de Mallorca

EXTREMADURA
Badajoz

Ciudad Real
Albacete

COMUNIDAD VALENCIANA

FORMENTERA

Alicante

Córdoba
Jaén

Murcia

Sevilla
Granada

ANDALUCÍA

MURCIA

Huelva

Cádiz
Málaga
Almería

Ceuta

Melilla

ISLAS CANARIAS

LA PALMA

TENERIFE
Santa Cruz de Tenerife

Las Palmas de Gran Canaria

LANZAROTE

LA GOMERA

EL HIERRO
GRAN CANARIA

FUERTEVENTURA

MÉXICO

Ciudad
de México

La Habana

CUBA

PUERTO RICO
San Juan

Santo Domingo
REPÚBLICA DOMINICANA

HONDURAS

Tegucigalpa

GUATEMALA

Guatemala

NICARAGUA

Managua

EL SALVADOR

San Salvador

San José

COSTA RICA

Panamá

PANAMÁ

ISLAS GALÁPAGOS
(ARCHIPIÉLAGO DE COLÓN)
(Ecuador)

Caracas

VENEZUELA

Bogotá

COLOMBIA

ECUADOR

Quito

PERÚ

Lima

BOLIVIA

La Paz

PARAGUAY

ISLA DE PASCUA
(Chile)

Asunción

ISLAS JUAN FERNÁNDEZ
(Chile)

CHILE

ARGENTINA

Santiago

URUGUAY

Buenos Aires

Montevideo

ISLAS MALVINAS

Argentina

Población: 36 223 947 habitantes **Superficie:** 3 761 274 km² (incluida la Antártida y las islas del Atlántico Sur) **Moneda:** peso **Capital:** Buenos Aires **Principales ciudades:** Córdoba, Rosario, Mendoza, La Plata, San Miguel de Tucumán, Mar del Plata **Clima:** domina el clima templado, pero debido a las marcadas diferencias de latitud y altitud nos encontramos con clima tropical en el norte, templado en la Pampa, árido en los Andes y frío en la Patagonia y Tierra del Fuego **Principales productos:** cítricos, cereales, vid, olivo, caña de azúcar, algodón, plátanos, ganado bovino, maderas nobles **Lenguas:** el español es la lengua oficial, aunque en diversas regiones perviven las lenguas de los nativos: en la región del Noreste se habla el guaraní; en el Chaco se habla el mataco; en las provincias de Salta, Jujuy y Santiago del Estero, el quechua; y en la Patagonia el mapudungun o lengua mapuche. **Cultura:** en literatura destacan Jorge Luis Borges, Julio Cortázar y Ernesto Sábato. La arquitectura tuvo su mayor importancia durante la época colonial con el barroco iberoamericano. La manifestación cultural más conocida es, sin duda, el tango (la música y el baile) y las figuras con él relacionadas, como Carlos Gardel, Julio Sosa o Astor Piazzola. **Más información:** www.indec.mecon.ar/

Bolivia

Población: 8 586 443 habitantes **Superficie:** 1 098 581 km² **Moneda:** boliviano **Capital:** La Paz (capital administrativa), Sucre (capital histórica y jurídica) **Principales ciudades:** Santa Cruz, Cochabamba, El Alto, Oruro **Clima:** varía con la altitud, húmedo y tropical o frío y semiárido **Principales productos:** petróleo, gas, minerales, soja y algodón **Lenguas:** español, quechua y aimara (oficiales) **Cultura:** en literatura destacan J. Bustamante y N. Aguirre en el siglo XIX. Figuras destacadas más recientes son los novelistas A. Chirveches y J. Mendoza. En arquitectura es característico el estilo mestizo, síntesis de elementos arquitectónicos hispanos y decorativos indígenas. **Más información:** www.ine.gov.bo/

Chile

Población: 15 665 216 habitantes **Superficie:** 2 006 625 km² (incluido el territorio chileno antártico) **Moneda:** peso **Capital:** Santiago **Principales ciudades:** Viña del Mar, Valparaíso, Talcahuano, Temuco, Concepción **Clima:** templado en general pero más húmedo y frío en el sur **Principales productos:** minerales, cereales, vino, pesca **Lenguas:** español (oficial), aimara, quechua, mapuche, kaweshar (alacalufe), pascuense (o rapa nui) **Cultura:** destacan cuatro escritores de renombre mundial: Gabriela Mistral (premio Nobel en 1945), Vicente Huidobro, Pablo Neruda (premio Nobel en 1971) y José Donoso. En pintura destaca Roberto Matta. En cuanto a vestigios arqueoló-

gicos, cabe mencionar las construcciones megalíticas de Calar y Socaire, pertenecientes a la cultura atacameña. Son muy conocidas también las estatuas gigantes (moais) de piedra volcánica de la isla de Pascua. **Más información:** www.ine.cl/

Colombia

Población: 33 109 840 habitantes **Superficie:** 1 141 748 km² **Moneda:** peso **Capital:** Santa Fe de Bogotá **Principales ciudades:** Cali, Medellín, Cartagena, Barranquilla **Clima:** tropical en la costa y en las llanuras del este, frío en las tierras altas **Principales productos:** café, banano, ganadería, petróleo, gas, carbón, esmeraldas, flores **Lenguas:** junto con el español conviven 13 familias lingüísticas amerindias con más de 80 lenguas. En la isla de San Andrés se habla el bende o creole y en San Basilio, el palenque. **Cultura:** las ciudades de Santa Fe de Bogotá, Tunja, Cartagena de Indias y Popayán fueron los centros culturales más importantes de la época colonial y conservan los más notables edificios de esa etapa. En literatura destaca Gabriel García Márquez (premio Nobel en 1982), autor de *Cien años de Soledad,* la obra más representativa del realismo mágico. Fernando Botero es el máximo representante tanto de la pintura como de la escultura colombiana de las últimas décadas. En la música actual sobresalen artistas como Shakira o Juanes. **Más información:** www.presidencia.gov.co

Costa Rica

Población: 3 925 000 habitantes **Superficie:** 51 100 km² **Moneda:** colón **Capital:** San José **Principales ciudades:** Limón, Puntarenas **Clima:** tropical, pero varía según la altura **Principales productos:** café, plátano, piña, cacao, caña de azúcar, industria informática **Lenguas:** español (oficial), inglés, criollo **Cultura:** hay una fuerte influencia de las tradiciones españolas, aunque las nativas americanas y la afroamericana han tenido también cierto impacto. La guitarra, el acordeón y la mandolina son los instrumentos musicales tradicionales. **Más información:** www.casapres.go.cr/

Cuba

Población: 11 093 152 habitantes **Superficie:** 110 922 km² **Moneda:** peso **Capital:** La Habana **Principales ciudades:** Santiago de Cuba, Camagüey, Holguín, Guantánamo, Santa Clara **Clima:** tropical **Principales productos:** minerales, cereales, vino **Lenguas:** español **Cultura:** en literatura destacan Alejo Carpentier, Nicolás Guillén, Cabrera Infante y Zoé Valdés. En la música, elemento clave de la cultura cubana, se pueden encontrar estilos propios como la guajira, el guaguancó o el son.

Figuras destacadas: Compay Segundo, Silvio Rodríguez, Pablo Milanés y Celia Cruz. **Más información: www.cubagob.cu/**

Ecuador

Población: 11 781 613 habitantes **Superficie:** 270 667 km² **Moneda:** dólar **Capital:** Quito **Principales ciudades:** Guayaquil, Cuenca **Clima:** tropical en la costa, frío en el interior **Principales productos:** petróleo, hidrocarburos, plátanos, café, cacao, aceite de palma, caña de azúcar **Lenguas:** español (oficial), quechua **Cultura:** el arte precolombino tuvo un desarrollo enorme del cual se conservan numerosos restos. **Más información: www.inec.gov.ec/**

España

Población: 42 717 064 habitantes **Superficie:** 504 750 km² **Moneda:** euro **Capital:** Madrid **Principales ciudades:** Barcelona, Bilbao, Sevilla **Clima:** mediterráneo en el litoral y en el sur, húmedo en el norte y ligeramente continental en el centro **Principales productos:** aceite, vino, frutas **Lenguas:** español, catalán, vasco, gallego **Cultura:** en poesía destacan, entre otros, Federico García Lorca y Antonio Machado. En novela, el autor clásico por excelencia es Miguel de Cervantes, autor de *Don Quijote de la Mancha*. En pintura, los artistas más célebres son Goya, Velázquez, Pablo Picasso, Salvador Dalí y Joan Miró. **Más información: www.la-moncloa.es**

El Salvador

Población: 5 828 987 habitantes **Superficie:** 21 041 km² **Moneda:** colón, dólar **Capital:** San Salvador **Principales ciudades:** Santa Ana, San Miguel **Clima:** templado, pero varía según la altitud **Principales productos:** maíz, arroz, frijoles, café, tabaco, algodón, caña de azúcar, frutas tropicales **Lenguas:** español (oficial), inglés, pipil, lenca **Cultura:** se conservan importantes restos de arte precolombino. De la civilización maya destacan las ruinas de San Andrés, Cihuatán, Quelepa y Joya de Cerén. **Más información: www.casapres.gob.sv/**

Guatemala

Población: 11 237 196 habitantes **Superficie:** 108 890 km² **Moneda:** quetzal **Capital:** Guatemala **Principales ciudades:** Quetzaltenango, Escuintla, Puerto Barrios, Mazatenango **Clima:** tropical, aunque variable según la altitud **Principales productos:** maíz, café, caña, plátano, petróleo, minerales **Lenguas:** español (oficial), lenguas indígenas **Cultura:** se conservan numerosas ruinas de la civilización maya. En literatura, la figura más importante es la del novelista y poeta Miguel Ángel Asturias (premio Nobel en 1967). **Más información: www.guatemala.gob.gt/**

Honduras

Población: 6 669 789 habitantes **Superficie:** 112 190 km² **Moneda:** lempira **Capital:** Tegucigalpa **Principales ciudades:** La Ceiba, Progreso, Roatan Island, San Pedro Sula, Tegucigalpa, Trujillo **Clima:** tropical, con temperaturas más templadas en las montañas **Principales productos:** plátano, café, frijoles, algodón, maíz, arroz, sorgo y azúcar **Lenguas:** español **Cultura:** posee una gran riqueza arqueológica. Destacan los restos de la cultura maya, que se desarrolló sobre todo en Copán. En pintura sobresale el muralista A. López Redezno. **Más información: http://www.casapresidencial.hn/**

México

Población: 104 907 9911 habitantes **Superficie:** 1 972 550 km² **Moneda:** peso **Capital:** México D. F. **Principales ciudades:** Ecatepec, Guadalajara, Puebla, Monterrey, Acapulco **Clima:** de tropical a desértico **Principales productos:** tabaco, industria química, textil, automovilística y alimentaria, hierro, acero, petróleo, minería **Lenguas:** español (oficial), más de cincuenta lenguas indígenas: con mayor número de hablantes se encuentra el náhuatl, hablado por más de un millón de personas, el maya, el zapoteco y el mixteco. **Cultura:** la cultura mexicana presenta una mezcla de tradiciones indígenas, españolas y norteamericanas. Mayas, aztecas y toltecas fueron los pueblos precolombinos de mayor importancia y de los cuales quedan numerosos vestigios. El arte fue considerado parte importante del Renacimiento nacional; los principales pintores mexicanos son Diego Rivera, David Alfaro Siqueiros, José Clemente Orozco y Frida Kahlo. En literatura destacan Octavio Paz (premio Nobel en 1990) y Juan Rulfo, autor de *Pedro Páramo*. Es importante también la producción teatral y la cinematográfica; en este último apartado es digna de mención la etapa mexicana del director español Luis Buñuel. **Más información: http://www.mexicoweb.com.mx/**

Nicaragua

Población: 5 128 517 habitantes **Superficie:** 139 000 km² **Moneda:** córdoba **Capital:** Managua **Principales ciudades:** Masaya, Granada, Jinotega, Matagalpa, Juigalpa, Boaco, Somoto, Ocotal **Clima:** tropical. Hay dos estaciones, la lluviosa de mayo a octubre y la seca, de noviembre a abril. **Principales productos:** minerales, café, plátanos, caña de azúcar, algodón,

arroz, maíz, tapioca **Lenguas:** español (oficial), lenguas indíge-
nas **Cultura:** los vestigios arqueológicos son de gran interés.
Descatan las urnas de la isla Zapatera. En literatura, sobresale
Rubén Darío. **Más información:** http://www.intur.gob.ni/

Panamá

Población: 2 960 784 habitantes **Superficie:** 78 200 km²
Moneda: balboa, dólar americano **Capital:** Panamá **Principales ciudades:** David, Colón, Penonomé **Clima:** tropical.
Hay dos estaciones, la lluviosa de mayo a enero y la seca, de
enero a mayo. **Principales productos:** cobre, madera de ca-
oba, gambas, plátanos, maíz, café, caña de azúcar **Lenguas:**
español (oficial), inglés, lenguas indias, garifuna **Cultura:** se
conservan numerosos restos de culturas precolombinas. De la
arquitectura colonial destacan, en la capital, las ruinas de la ciudad vieja y la catedral. **Más información:** http://www.pa/

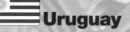

Paraguay

Población: 5 504 146 habitantes **Superficie:** 406 752 Km²
Moneda: guaraní **Capital:** Asunción **Principales ciudades:** Ciudad del Este, San Lorenzo **Clima:** subtropical, con
muchas lluvias en la parte oriental y semiárido en la parte más
occidental **Principales productos:** estaño, manganeso, ca-
liza, algodón, caña de azúcar, maíz, trigo, tapioca **Lenguas:**
español y guaraní (oficiales) **Cultura:** en literatura destaca la
figura universal de Augusto Roa Bastos (premio Cervantes en
1989). **Más información:** www.paraguaygobierno.gov.py/

Perú

Población: 24 523 408 habitantes **Superficie:** 1 285 216 km²
Moneda: nuevo sol **Capital:** Lima **Principales ciudades:**
Arequipa, Trujillo, Chiclayo **Clima:** tropical en el este, seco y
desértico en el oeste **Principales productos:** cobre, plata,
oro, petróleo, estaño, carbón, fosfatos, café, algodón, caña de
azúcar, arroz, maíz, patatas **Lenguas:** español (oficial en todo
el territorio); el quechua, el aimara y otras lenguas tienen carácter oficial en algunas zonas **Cultura:** hay que destacar las mo-
numentales construcciones incas (Cusco y Machu Picchu). En
literatura, sobresalen Mario Vargas Llosa y Alfredo Bryce Eche-
nique. **Más información:** http://www.peru.org.pe

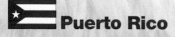

Puerto Rico

Población: 3 522 037 habitantes **Superficie:** 8959 km²
Moneda: dólar americano **Capital:** San Juan **Principales**

ciudades: Caguas, Mayagüez, Carolina, Bayamon, Ponce
Clima: tropical **Principales productos:** caña de azúcar,
productos lácteos, farmacéuticos, electrónicos **Lenguas:** español, inglés (oficiales) **Cultura:** cabe destacar el casco antiguo de San Juan, los castillos de San Cristóbal y de San Felipe del Morro como muestras de la arquitectura colonial. **Más
información:** www.gobierno.pr/

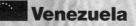

República Dominicana

Población: 8 088 881 habitantes **Superficie:** 48 442 km²
Moneda: peso **Capital:** Santo Domingo **Principales ciudades:** Santiago de los Caballeros, La Romana, Puerto Plata
Clima: tropical con lluvias abundantes; en la costa es cálido y
en la montaña más fresco **Principales productos:** níquel,
bauxita, oro, plata, caña de azúcar, café, algodón, cacao, tabaco, arroz, judías, patatas, maíz, plátanos, ganado, cerdos
Lenguas: español (oficial), inglés **Cultura:** la música y el
baile son el núcleo de la cultura dominicana. Los ritmos más
populares son el merengue, la bachata y la salsa. **Más información:** www.presidencia.gov.do/

Uruguay

Población: 3 238 952 habitantes **Superficie:** 175 013 km²
Moneda: peso **Capital:** Montevideo **Principales ciudades:**
Salto, Paysandú, Las Piedras, Rivera, Colonia, Punta del Este
Clima: entre templado y tropical, con escasas oscilaciones tér-
micas debido a la influencia oceánica **Principales productos:** carne, lana, cuero, azúcar, lana, algodón **Lenguas:** español (oficial) **Cultura:** en literatura hay que destacar cinco
figuras clave de la narrativa latinoamericana actual: Mario Benedetti, Eduardo Galeano, Juan Carlos Onetti, Cristina Peri Rossi y
Antonio Larreta. En pintura, cabe señalar a J. M. Blanes, R. Ba-
rradas y P. Figari. **Más información:** www.turismo.gub.uy/

Venezuela

Población: 21 983 188 habitantes **Superficie:** 916 445 km²
Moneda: bolívar **Capital:** Caracas **Principales ciudades:**
Valencia, Barquisimeto, Maracaibo **Clima:** tropical, moderado
en las tierras altas **Principales productos:** petróleo, gas natural, minerales, maíz, sorgo, caña de azúcar, arroz, plátanos,
hortalizas **Lenguas:** español (oficial), lenguas indígenas **Cultura:** las artes visuales y la artesanía están muy presentes en
Venezuela, pero la disciplina cultural más destacada es la música, una mezcla de ritmos europeos, africanos y aborígenes. En
literatura, destacan Rómulo Gallegos, autor de *Doña Bárbara*, y
Arturo Uslar Pietri, escritor y político, ganador del premio Prín-
cipe de Asturias, uno de los más importantes de las letras españolas. **Más información:** www.venezuela.gov.ve/